淳 子

中国作家协会会员,上海市作家协会会员,国家一级文艺编辑。
主要作品有《民国风雅》《她的城,张爱玲地图》《旗袍》,
以及影视剧《婚姻的故事》等。
曾获广电部优秀编辑奖、中国广播电视协会金笔奖、
上海市作家协会优秀作品奖、中央电视台《百家讲坛》优秀节目奖,
以及省市级、行业协会各类奖项二十多种。

克勒门文丛 | 编委会

主　编　陈　钢
副主编　嵇东明　阎　华　林明杰
编　委　秦　怡　白　桦　谢春彦　梁波罗
　　　　刘广宁　童自荣　陈逸鸣　陈　村
　　　　王小鹰　曹　雷　淳　子　郑辛遥

花开花落张爱玲

淳子 著

克·勒·门
文·丛

生活·讀書·新知 三联书店

Copyright © 2020 by SDX Joint Publishing Company.
All Rights Reserved.
本作品版权由生活·读书·新知三联书店所有。
未经许可，不得翻印。

图书在版编目（CIP）数据

花开花落张爱玲 / 淳子著. —北京：生活·读书·新知三联书店，2020.6（2021.4 重印）

（克勒门文丛）

ISBN 978-7-108-06806-4

Ⅰ.①花... Ⅱ.①淳... Ⅲ.①张爱玲（1920—1995）—传记 Ⅳ.①K825.6

中国版本图书馆 CIP 数据核字（2020）第 057540 号

责任编辑	麻俊生
封面设计	储　平
图片编辑	茅文蓉
出版发行	生活·讀書·新知 三联书店
	（北京市东城区美术馆东街 22 号）
邮　　编	100010
印　　刷	上海丽佳制版印刷有限公司
排　　版	南京前锦排版服务有限公司
版　　次	2020 年 6 月第 1 版
	2021 年 4 月第 2 次印刷
开　　本	787 毫米×1092 毫米　1/32　印张 12.125
字　　数	194 千字
印　　数	5,000-8,000 册
定　　价	58.00 元

张爱玲像(陆毅画)

花开莲现。花落莲成。

这是由一串地址和号码组成的张爱玲情史，

即便门上小小的猫眼，也是桥段。

序 留住上海的万种风情

陈钢

当我们走进上海的大门——外滩时,首先听到的是黄浦江上的汽笛长鸣和海关大楼响起的钟声。那是上海的声音、历史的声音和世界的声音。接着,我们可以看到那一道由万国建筑博览群组成的刚健雄伟、雍容华贵的天际线,它展示了作为现代国际大都会大上海的光辉形象。当我们转身西行,乘着叮当作响的电车驶进夹道满是梧桐树的淮海中路时,又会在不知不觉里被空气中弥漫的法国情调所悄然迷醉,也会自然而然地想起张爱玲所说的"比较有诗意的人在枕上听松涛、听海啸,我是非得听见电车响才睡得着觉的……"。除了这张爱玲所特别钟爱的上海"市声"外,我们还能在电影、舞厅和咖啡馆里找到世界的脉搏和时代的节奏,找到上海的声音。丹尼尔·贝尔认为,"一个城市不仅是一块地方,而且是一种心理状态,一种独特生活方式的象征"。上海是中国一块得天独厚的风水宝地,它不仅使古老的中国奇迹般地出现了时尚繁华的"东方华尔街"和情调浓郁的"东方巴黎",而且催生了中国的城市文化——海派文化,催生了中国的第一部电影、第一个交响乐团、第一所音乐学院和诸多的"第一"……

"克勒"曾经是上海的一个符号,或许它是 class(阶层)、color(色彩)、classic(经典)和 club(会所)的"混搭",但在加上一个"老"字后,却又似乎多了层特殊的"身份认证"。因为,一提到"老克勒",人们就会想到当年的那些崇尚高雅、多元的审美情趣和精致、时尚生活方式的"上海绅士"们。而今,"老克勒"们虽已渐渐离去,但"克勒精神"却以各种新的方式传承开发,结出新果。为此,梳理其文脉,追寻其神韵,同时将"老克勒"所代表的都会文化接力棒传承给"大克勒"和"小克勒"们,理应成为我们这些"海上赤子"的文化指向和历史天职。于是,"克勒门"应运而生了!

"克勒门"是一扇文化之门、梦幻之门和上海之门。推开这扇门,我们就能见到一座座有着丰富宝藏的文化金山。"克勒门"是一所文人雅集的沙龙,而沙龙也正是一台台城市文化的发动机。我们开动了这台发动机,就可能多开掘和发现一些海上宝藏和文化新苗,使不同的文化在这里可以自由地陈述、交流、碰撞和汇聚。

记忆是一种责任。今天,当我们回望百年上海时,都会为这座曾经辉煌的文化大都会感到自豪,但也会情不自禁地为那一朵朵昔日盛开的文化奇葩的日渐萎谢而扼腕叹息。文化是应该能逗留的。为了留下这些美丽的"梦之花",为了将这些上海的文化珍宝串联成珠,在人世间光彩永放,"克勒门"与发祥于上海的"老牌"出版社生活·读书·新知三联书店共同筹划出版了这套"克勒门文丛",将克勒门所呈现的梦,一个一个地记录下来。这里,我们所推出的是淳子所著的《花开花落张爱玲》。

淳子是著名的上海女作家和资深媒体主持人。她的《张爱玲地图》,出版过五个版本,在海内外,淳子均享有张爱玲学专家的美誉,久了,她的文字里也有那么一点儿"张味"了……那么,淳子与张爱玲间究竟有什么难分难解的因缘呢?我想,那可能就是因为她们都有着同样对上海的"半生缘",而这个"半生"实为一生,那就是这座须臾也离不开的城市——上海所给予她们的全部生命。

淳子从未停歇过追逐张爱玲的足迹。上海、香港、东京、纽约、波士顿、迈阿密、洛杉矶,淳子历时二十多年,考察、研究张爱玲的作品和生平,获得了大量的独家资料,她自称《花开花落张爱玲》这本书是"用脚写成的"。"站在遗迹残址上,我并非试图借地还原,那无异于刻舟求剑。我的涓滴找寻求证,说起来是为了印证她的历史足迹,其实更是借此向那位曾在另一时空打动我的文字书写者致敬——愿那颗灵魂已结束漂泊,回到她深爱的城市,永远安息。"(美国女作家李黎)

人生如戏。淳子的这本书,记述了张爱玲在上海和美国的两段不同的情感人生。张爱玲是一朵海上花,她有过繁花盛开的爱情,有过朗月照人的青春;但她也像是一曲远离尘世的绝唱,有着一段如同英国大提琴家杰奎琳·杜普蕾那样的"比烟花还寂寞"的余生。而从某种意义上说,张爱玲的"上半出"可谓是她全部的真实人生。淳子评论张爱玲:"她所有的写作,她的经验就是她的青春二十四年、她的前生。她以后的书写,只是在不断地咀嚼、涂抹,反复地利用这个前生。张爱玲写作的原乡、生命的原乡是上海,甚至于可以说就是上海,就是她居住过的老房子。离开了上海,离开了她曾经居住过的老房子,她的生命就譬如失了血。她在美国写过很多文章，但那些文章，都是她作品的稀薄影子，越写越淡了；没有了上海，她的血脉便被切断了。"

张爱玲是一个谜，一个并不太远的背影。至于她的"情史""情话""情缘""情殇"等，则更是一部隐之书。有人说，张爱玲的一生是传奇，张爱玲的魅惑如流言。漫漫半世纪，张爱玲仍是诱惑人们释读却难解的谜。可我觉得她就像是一阵清风，一片浮云，若隐若现，若即若离，最后只剩下那一丝余音……可是，说她像"一丝余音"也不尽然；不然，她又怎会像俗世里的滚滚红尘，那么轻、那么小、那么不起眼，但却时而狂风乍起，席卷大地，始终不渝地紧贴在这块"没有离开家就已想家了"的土地上，不想离去，不愿离去，也不忍离去呢？所以，人们如何评说这个女子都不是，都不像。她是豪门，还是市井？她在倾诉，还是私语？她是诗、是画，还是一汪涓涓流过的清泉？她，是一簇簇盛开的繁花呢，还是那一缕缕袅袅袭来而又轻轻飘去的烟花？啊，花非花，梦非梦，花开花落又如何！啊，海上花，张爱玲，请留下你的花瓣、你的背影、你的味道、你的气息，你那永远在天边飘浮回荡的音乐般的灵魂和那一连串断断续续的问号和惊叹号……

"克勒"是一种气度、一种格调,更是一种精神、一种文化。让我们一起走进"克勒门"和"克勒门文丛",寻找上海,发现上海,书写上海,歌唱上海,让我们每个人都成为有历史守望与文化追寻的梦中人,传承和发扬高雅、精致和与时俱进的海派文化精粹,用我们的赤子之心留住上海的万种风情!

目　录

序　留住上海的万种风情　_i

最后的，最后　_1
在《孽海花》里寻找家族的密码　_10
最坏的消息：父亲要结婚了　_20
没有声音的花季　_32
命运被改写的序曲　_40
老宅，写作的原乡　_46
亲情的折磨　_71
出名要趁早　_82
瞬间芳华　_89
尘埃里开出花来　_116
人生没有小团圆　_131
苍茫的日子　_141

上海的最后证据 _155

《金锁记》,曹七巧的家 _167

苏青的家以及煤球炉 _172

《倾城之恋》的舞台 _180

择邻处,继母的家 _190

虹桥路上的别墅和《半生缘》 _198

剪辑错乱的记忆 _204

纽约结婚,堕胎 _228

旧金山,静好岁月 _241

他死了,她还活着 _246

波士顿寡妇,《红楼梦》,瓦尔登湖 _254

夜蝉,词语事件,解聘 _268

重回中文文坛,人虫大战,疯狂搬家 _300

最后的渡口,遗嘱 _320

附录　张爱玲异域文学年表 _336

参考文献 _369

后记　似这般死磕的淳子 _371

最后的，最后

江苏路 285 弄，像英文字母 L，据房产档案记载，这一排小洋楼建于 1925 年。1950 年代还是一个非常偏僻的地方，附近有大块空地，有人种菜，有人养羊。墙边芭蕉叶，抽蕊后，几朵傲世的红颜。石砖缝里，细细碎碎的紫色花朵，如吴湖帆的青绿山水。

"无巧不成书"，中国人的一句老话。

大约是在 1966 年前后，清朝邮传部大臣盛宣怀的孙女盛佩玉，不得不离开上海淮海中路上的别墅，暂居女婿家里。女婿的祖父吴凯声在老上海为著名律师，在汪伪政府任职多年。抗战胜利后，国民政府正法了陈公博，吴凯声亦被投进了监狱。吴公馆一大群曾经前呼后拥的仆人被遣散了，吴凯声的妻子爱伦则带着三个男孩子，用自己的积蓄，在江苏路买了此处花园洋房，与吴凯声脱离了干系。

江苏路285弄28号,张爱玲的父亲、继母、弟弟都死在这里

张爱玲父亲张廷重,遗少作派,最终被国民党的金圆券兑走了全部财产,生活潦倒,连鸦片也不得不戒了。张爱玲继母孙用蕃的密友爱伦心善,邀他们夫妇住进江苏路285弄28号的私宅。张廷重和孙用蕃,这对官宦家的夫妻,富过、穷过、爱过、吵过,在28号洋房,别人家的小客厅里走完了各自的人生。

邻居回忆道:

那是1957年某日,周围的人突然神色怪异,小孩子挤在玻璃窗下看热闹。站在前排的人压低嗓子道:"死掉了,死掉了。"

又有人说:"看,看,给死人换衣裳了!"

屋里有声音传来:"压一压,压一压,让肚皮里的东西吐出来。"

一阵静穆,突然听得仆人拍手拍脚大叫起来:"老爷升天了!老爷升天了!"

如此落魄,也还是叫老爷。

张廷重死后,孙用蕃的身体也衰弱下去,家里的家具也越来越少。她靠变卖不动产维持日子。

坐吃山空,是遗老遗少唯一的本事。

当年,她嫁给张廷重时,张廷重还有十九处不动产。

单单虹口,就有八栋大宅子,还有祖父张佩伦收购的宋元刻本若干。

寻找这个居所,亦是不易,甚至是毫无线索。

只知道在江苏路,没有具体地址。又是无数的转托,终于在吴凯声的孙子吴教授那里问得地址,直奔过去。

早春,一些人家的院子里,有蜡梅开在墙头,虽几近荼蘼,枝丫里,花韵还是有的。

曲折的弄堂,房子隐在一个角落。敲了门,无人来应。但见歪歪斜斜的,挂了几个牛奶箱。

吴教授说,张爱玲的父亲住在他们家的一间小客厅里,大约十四个平方米。先前,若来了客人,把客厅中间的移门推开来,就是一个派对的舞厅了。平日里,这个小客厅并不待客,家母只管往里面摆放一些时鲜的瓜果与点心,谁饿了,谁自己就去那里拿了吃。逢着节日或者生日宴,院子里停满了私家车子。待到酒足饭饱,意兴阑珊,客人们寒暄着出门来,招呼自己的司机回府。司机赶紧地灭了嘴边的烟卷,从下房里出来。等着车子一辆一辆倒出院子,怎么着也得三两支烟的工夫。到底还是小,逢到这个时辰,吴教授最兴奋了,爬在大树上看热闹,那种时刻,大人是来不及教训他的。后来吴家也是不济,把房子分租出去,才有了张爱玲家族最后的故事。

房子小,张爱玲的弟弟张子静只得借住同学家。父亲去世,继母搬来娘家的人,劝说张子静放弃对这个小客厅的处分权。张子静向来不懂得聚财敛财,只是那时自己也艰难,念及晚年的处境,竟是没有答应,这事也就不了了之了。

张子静一直在郊区的中学教英文,和姐姐张爱玲一般没有实际的生活能力。玻璃窗碎了就用报纸糊将起来,鞋子破了照样穿下去,一件灰布中式棉袄,抄着一只空瓶,到弄堂口小店换一瓶低价的葡萄酒。

邻居说,张老师(张子静)很胆小,人也怪怪的,不敢正眼瞧人,是躲在窗后或者门后张望的那种。他经常来问继母要零花钱,大约觉得应该的,因为父亲的遗产都是继母打理的。

继母的后事全仗着张子静张罗。

做了法事,张子静捧着继母孙用蕃的骨灰,坐了早班火车去杭州,焚香、烧纸钱、执儿子之礼,把孙用蕃的骨灰安葬在孙家的祖坟里。

张爱玲继母孙用蕃年轻照

张子静从同学家搬回来，睡在继母的床上。虽然家已经败掉，但还是大少爷的做派，袜子脏了，不愿意洗，扔掉了事。实在饿得不行了，吃不起馆子，拿一个托盘，里面放一些调料，去吴教授家的厨房里做一点东西果腹。

他作为郊区中学教师，只有微薄的薪水。熬不下去的时候，他玩失踪，让校长叫苦不迭。退休后，他找几个学生教教外语，钱是没有的，只是逢年过节，学生的家长送一点土特产聊表心意。

弟弟以为姐姐在美国总归应该富的，又听说母亲把遗产留给了张爱玲，便写了信去。张爱玲回信说，自己也是勉强度日，实在无力帮助弟弟。

依据宋以朗公布的资料，1980年代以后，张爱玲的财政状况基本达到小康水平。

张子静也是可怜，父亲在的时候，不张罗他的婚事，怕花钱。到了中年，有过一次婚姻的机会，女方提出的聘礼是一块上海牌手表。按照当时的生活水准，一块上海女表相当一个大学本科毕业生三个月的工资。张子静拿不出这笔钱，这门亲事也就不了了之了。晚年，有个安徽籍的钟点工，经常替张子静洗洗补补，日子也就这样过下来了。

1996年，张子静的《我的姐姐张爱玲》分别在上海小荽：

你的信都收到了，一直忙着没回信。不知道你可好。我多病，也感冒，成天咳嗽，照顾自己，剩下的时间不够用，很抱歉，实在没办法。现在简直写信了，你延迟退休是好了。退休后、新健康有望，退休了也增加能薪量。现轻松工作很好，同等你搭！我立即能下你的，始、是跟军公麈搭起还有渡前在香港那时侯他在此做事的邻汲的香港分行做事，可能託了他传我的签该好的名字、信托记得进消息阻塞、有人。Dick Wei 的名字附上、望你能大陸再是采贫，真实我熟相近、是以特大陸再同胞了我，你会知道这都是实话，很能尽你的忙，是真觉得嫌慨。难有现。

　　煐 一月廿日 一九八九
字好

和台湾出版。

台湾女作家周芬伶来到这里,在屋外的院子里,给张子静拍了照片。

送走了周芬伶,张子静去表弟孙世仁家用晚饭。

他嗜酒,然而一喝就醉。他很少说话,只是静静地喝。入夜,一个人回家。毕竟是七十多岁的老人,一根小血管爆裂,一个趔趄,倒在弄堂的电线杆下,死了。一句话也没有留下来。

有一年,我随张子静继母家的人去为张子静扫墓。

张子静的表弟孙世仁摆上供品后道:"小槐哥哥(张子静的小名),我们来看你了。给你带了绍酒和中华牌香烟,你好好享用吧。"

一席话,把众人的眼泪说下来。

张爱玲家的这一脉,在这个世界上,落了白茫茫大地一片好不干净。犹如《红楼梦》里的荣宁二府,千金散尽,容一个曹雪芹写得一部传世文字。李鸿章百年之后,曾外孙女张爱玲,成为这个家族的招牌。张爱玲的笔,是祠堂牌位前的香火,于腐朽里面生长出一些个尖厉和冷嘲。

一次,李鸿章家族后人聚会。说到张爱玲,都一脸的回避。张爱玲刺痛过他们。

在《孽海花》里寻找家族的密码

乃德（张爱玲父亲）另找房子，却搬到蕊秋（张爱玲母亲）娘家住的弄堂里，还痴心指望再碰见她，她弟弟还会替他们拉拢劝和。

在家里，跟着乃德过，几乎又回复到北方的童年的平静。乃德脾气非常好，成天在他房里踱来踱去转圈子，像笼中的走兽，一面不断地背书，滔滔汩汩一泻千里，背到末了大声吟哦起来，末字拖长腔拖得奇长，殿以"殴……！"中气极足。只要是念过几本线装书的人就知道这该费多少时间精力，九莉（张爱玲）替他觉得痛心。

乃德订阅《福星》杂志，经常收到汽车图片广告，也常换新车。买了两件办公室家具，钢制书桌与文件柜，桌上还有个打孔机器，从来没用过。九莉在一张纸上打了许多孔，打出花样来，做镂空纸纱玩。他看了一怔，很生气的说："胡闹！"夺过机器，似乎觉得是对他的一种讽刺。

书桌上还有一尊拿破仑石像。他讲英文有点口吃，也懂点德文，喜欢叔本华，买了希特勒《我的奋斗》译本与一切研究欧局的书。虽然不穿西装，采用了西装背心，背上藕灰软缎，穿在汗衫上。

他订了份《旅行杂志》。虽然不旅行——抽大烟不便——床头小几上搁着一只"旅行钟"，嵌在皮夹子里可以折起来。

九莉觉得他守旧起来不过是为了他自己的便利。例如不送九林进学校，明知在家里请先生读古书是死路一条，但是比较省，借口"底子要打好"，再拖几年再说。蕊秋对九林的事没有力争，以为他就这一个儿子，总不能不给他受教育。

他看报看得非常仔细，有客来就谈论时事。她听不懂，只听见老阎老冯的。客人很少插嘴，不过是来吃他的鸦片烟，才听他分析时局。

他叫她替他剪手指甲。"剪得不错，再圆点就好了。"

她看见他细长的方头手指跟她一模一样，有点震

动。(张爱玲:《小团圆》,北京十月文艺出版社2009年版,第82页、第85—86页、第88页)

1930年,父母离婚后,那个有钢琴、下午茶、铺了地毯的家不复存在了。这是张爱玲唯一幸福过的地方,像明信片一般美好的地方。

我一直在寻找这处住宅。这个叫"宝隆花园"的地方,大约在陕西南路一带。只知道"宝隆"是一位德国医生的名字。

档案馆的学者说,大约也是拆了。然而在2020年深秋,竟奇迹般的寻得。甚喜。

穿洋装的美丽的母亲又离开了。

母亲总是离开。

她的每一次归来,似乎是为了更长久地离开。

一个缠过足的女子,为了自由地呼吸,靠了祖上留下来的珠宝,踩着三寸金莲,硬生生地漂泊在异乡。拮据的时候,她在英国做过车衣女工,在印度做过总理尼赫鲁姐姐的秘书,在新加坡做过皮革生意,在马来西亚做过中学

张爱玲母亲黄逸梵(香港大学图书馆提供,马来西亚坤成女中邢广生捐赠)

美术教师。其间,美国男友死在战火里。青春和银子折腾了大半。

1948年,张爱玲的母亲最后一次回国,想带张爱玲出去,但张爱玲选择和姑姑在一起。母亲凄楚孤单,一个人收拾了两个大箱子,叫了计程车,去了码头。

几年以后,这个美丽的女人,一个人,客死在英国。张爱玲不要母亲这样的人生,但是母亲命运的密码早已输入她的体内。她注定了和母亲一样,一个人,孤独地来,孤独地去。性格即是命运,谁也逃不脱的。

母亲把最后的一点遗产全都给了张爱玲。

那是一个装满了古董的箱子。

中国女人的故事都是从一只雕花樟木箱子开始的。

张爱玲的第二任丈夫甫南德·赖雅(Ferdinand Reyher)说,这是一个充满了悲伤气氛的箱子。

不晓得张爱玲在收到这个箱子的时候,有没有深深地体悟母性,有没有给母亲的灵魂一个诚挚的送别,有没有在中国的清明节,摆出母亲的照片,净手、焚香、磕头、祈祷。

曾经看过一部日本电影《无人知晓》。

故事讲一位母亲带着四个孩子住在城市的一套公寓

里。母亲半夜回来，把孩子们叫起来吃寿司。突然有一天，母亲留下了一些钱和一张纸条，便消失了。

一旁的女孩子不解地问："这位母亲为什么要离开？"

我道："我没有办法解释给你听。有些事情是不可以解释的，只有依靠人生的阅历来体悟。"

张爱玲有过做母亲的机会，她放弃了。她永远失去了进入母亲灵魂的通道。

父母离婚后，张爱玲随父亲搬入康乐村。

一栋三层楼的红砖小洋房，有苏格兰花呢的温暖。一扇黑漆铁门隔出了私人和外界的距离。铁门内，见方的天井，是进入客厅的一个过渡。沿着窗台，摆了几盆仔细照拂着的绿色植物——上海人所谓的螺蛳壳里做道场。

船王严同春的豪宅就在边上，海派大宅门，乳黄色马赛克墙面。七十一间房屋，用一个大写的"M"勾连，间间相通，冰冷的豪华。

1931 至 1934 年，这是一段平和的日子。父亲经过戒毒治疗，鸦片还是吃的，但是生活有了节制，离婚的伤害在下午的阳光下得到了修复。

张爱玲进入圣玛利亚女校住读，弟弟则在家里接受传统的私塾教育。私塾朱先生是个好好先生，并不苛待学

康乐村,父母离婚后,张爱玲随父亲搬来这里

生。张爱玲周末回来,在父亲的书房找到《海上花列传》。里面妓女的对白均是苏州土话,她看不真切,便请朱先生念。朱先生捏了嗓子读女子的对白,十分地滑稽,张爱玲和弟弟嘻嘻哈哈,乐成一团。

没有母亲,她习惯了与父亲在一起的日子。

没有鸦片的时候,父亲是可爱的,任由张爱玲在书房胡乱翻检。她看一本是一本,看得高兴时还会同父亲一起批注。

风和日丽的天气,父亲牵了张爱玲的手去附近南京路上的飞达咖啡馆喝咖啡、听爵士乐队演奏。上海滩时髦有钱会说几句英文的男女,喜欢在那里约会。

路上,经过亲戚的房子,少不了讲一些家族故事。父亲这边厢讲,张爱玲那边厢听得仔细。她开始从小说《孽海花》里寻找家族的线索,也懂得设了圈套,让身边的长辈亲戚说长道短。

她有史湘云的圆润,也有史湘云的脾性。孩子群里,往往是中心人物。一次,家里的男孩子和女孩子分成两个阵营打仗。张爱玲如圣女贞德,勇敢陷阵,把男孩子打得哭将起来。那个时候,张爱玲就有了叉腰斜睨的招牌动作。

从舅舅家的后门出去,便是小说《金锁记》里曹七巧的家。这些个清王朝的后裔,视民国为敌国,出于国族、家族,出于士气,不再世出。在祖上购置的地产里,做着清高的寓公。"赋闲",也是一种政治态度。他们用他们的旧有的身份,识别同类,彼此取暖,形成一个独立的小朝廷。

1933年,房地产价格上涨,靠祖上房产租赁,张爱玲父亲口袋里的银子陡然厚了许多,亲戚之间的走动亦频繁了起来。饭局、牌局、堂会天天有。世交、前北洋政府国务总理孙宝琦的儿子把同父异母的妹妹孙用蕃介绍给了张爱玲的父亲。

孙宝琦一妻四妾,孙用蕃是孙宝琦的第七个女儿,因为芙蓉癖(吸食鸦片),因为一段被压制的恋情,青春蹉跎,嫁入张家的时候,已经三十六岁。

孙家七小姐孙用蕃是一个化学体。她的介入,改写了张爱玲家的历史,亦改写了张爱玲的命运。这是后话。

春节了,张爱玲坐了父亲的车子去虹口买日本花布,原打算做了衣裳新年里穿的,觉得好看,不忍心送到裁缝那里去给剪了,只把花布当成艺术,在暖暖的脚炉子边上自个儿欣赏。

家里的用人们则越发地忙碌起来,剁肉、腌鱼、蒸糯米、捏合肥丸子。

水仙的花茎上缚了红丝线,摆在最是阳光的案几上,一旁的画轴子刚掸了灰,老旧的宣纸上露了一点子新颜。

父亲刚从中西疗养院戒了烟回来。张爱玲高兴,守着父亲。父亲躺在藤椅上,喝着六安香片,张爱玲坐在一旁,做着贺卡或是剪纸,差得保姆团团转。

客厅里,一树梅花,总有一米多高,枝杈密织,或蟠龙走蛇,或孤削独笔,点点粉黄,零零落落,晓风处,飘浮出些许清香,把人怔在那边,动弹不得。乏了,她拣一些点心匣子里的豆沙松饼吃,只是锦心绣口,尝个味道而已。

从来就是这样,她和父亲在一起,母亲是一个幻影。她接受了这样的家庭模式。但是她不知道,她的母亲亦不知道,这样的生活格局将导致出一种极端的性格。

在康乐村,或者是更早的童年里,张爱玲网结了她人生的一个死结——恋父情结。

恋父情结如同藤蔓,静静地滋长、蔓延,深刻地感染着张爱玲的性爱、人格,以及她的作品。这个情结如同一个符咒,主宰了张爱玲的情感命运,注定了她只能,并且无法遏止地痴迷中年以上的男人。

最坏的消息：父亲要结婚了

父母离婚以后，母亲和姑姑搬入白尔登公寓，自然是住在顶楼。

张爱玲说：

"我对于声色犬马最初的一个印象，是小时候有一次，在姑姑家里借宿。她晚上有宴会，出去了，剩下我一个人在公寓里，对门的逸园跑狗场，红灯绿灯，数不尽的一点一点，黑夜里，狗的吠声似沸，听得人心里乱乱的。街上过去一辆汽车，雪亮的车灯照到楼窗里来，黑屋里家具的影子满屋跳舞，直飞到房顶上。

"久已忘记了这一节了。前些时有一次较紧张的空袭，我们经济力量够不上逃难（因为逃难不是一时的事，却是要久久耽搁在无事可做的地方），轰炸倒是听天由命了，可是万一长期地断了水，也不能不设法离开这城市。我忽然记起了那红绿灯的繁华,云里雾里的狗的狂吠。我又是一个人坐在黑房里,没有电,瓷缸里点了一只白蜡烛,黄瓷缸上凸出绿的小云龙,静静含着圆光不吐。全上海死寂,只听见房间里一只钟滴答滴答走。蜡烛放在热水汀上的一块玻璃板上,隐约地照见热水汀管子的扑落,扑落上一个小箭头指着'开',另一个小箭头指着'关',恍如隔世。今天的一份小报还是照常送来的,拿在手里,有一种奇异的感觉,是亲切,伤恸。就着烛光,吃力地读着,什么郎什么翁,用我们熟悉的语调说着俏皮话,关于大饼、白报纸、暴发户,慨叹着回忆到从前,三块钱叫堂差的黄金时代。"(张爱玲:《我看苏青》,上海《天地》1945年4月第19期)

白尔登公寓,譬如法国第戎大街上的建筑,转角处,一个精致妩媚的小阳台,专供女人用来望风景;又譬如歌剧院里的包厢,自有风情和一些个桥段在这个局限的空间里演绎。

张爱玲在回忆白尔登公寓的时候,继母出现了。

"我父亲要结婚了。我姑姑初次告诉我这消息,是在夏夜的小阳台上。我哭了,因为看过太多的关于后母的小说,万万没有想到会应在我身上。我只有一个迫切的感

在白尔登公寓的阳台上,张爱玲听到了一生中最坏的消息:父亲要结婚了

觉：无论如何不能让这件事发生。如果那女人就在眼前，伏在铁栏杆上，我必定把她从阳台上推下去，一了百了。"（张爱玲：《私语》，上海《天地》1944年7月第10期）

她对继母有天然的仇视。

"你二叔要结婚了。"楚娣（张爱玲姑姑）告诉她。"耿十一小姐（张爱玲继母）——也是七姑她们介绍的。"

楚娣当然没告诉她耿十一小姐曾经与一个表哥恋爱，发生了关系，家里不答应，嫌表哥穷，两人约定双双服毒情死。她表哥临时反悔，通知她家里到旅馆里去接她回来。事情闹穿了，她父亲在清末民初都官做得很大，逼着她寻死，经人劝了下来，但是从此成了个黑人，不见天日。她父亲活到七八十岁，中间这些年她抽上了鸦片烟解闷，更嫁不掉了。这次跟乃德介绍见面，打过几次牌之后，他告诉楚娣："我知道她从前的事，我不介意，我自己也不是一张白纸。"

楚娣向九莉道："你二叔结婚，我很帮忙，替他买到两堂家具，那是特价，真便宜，我是因为打官司分家要联络他。"她需要解释，不然像是不忠于蕊秋。

她对翠华也极力敷衍，叫她"十一姐"。翠华又叫她

"三姐"。叙起来也都是亲戚。乃德称翠华"十一妹",不过他怕难为情,难得叫人的。做媒的两个堂妹又议定九莉九林叫"娘"。(张爱玲:《小团圆》,第93—94页)

二十年前的一个夜晚,我倚在床上读完了《我看苏青》,衍生出许多奇异念头,横竖睡不安稳,仿佛一个侦探,拿了委托人的银子,有责任有义务去寻找真相,要在日出之前公布惊人的发现。我从床上起来,怕被母亲追问,只穿了一双平底的鞋子从后楼梯溜出了大门。那时我住在绍兴路,到逸园跑狗场(今上海文化广场)只是几分钟光景。与逸园跑狗场一墙之隔的白尔登公寓是我上学的必经之路。

这幢公寓的历史刻在大楼顶端的旗杆上:1924。

听到电梯从上面下来,我竟是有些紧张。突兀地站在黑暗里面,不知所措。有人从电梯里出来,是一位老者,穿一件得体的咖啡色西服,手上提了应急灯。灯照过来,像追光,我孤零零地立在舞台中央。

老者居然不惊,问:"你找谁?"

我谦恭道:"找黄江平。"

黄江平是我小学的同学,父亲是海军,家里孩子的名字里就都有了水。她的哥哥叫黄海平。

老者不疑,道:"黄江平已经去苏州了,这里现在是她哥哥住。要不要我领你上去?"

我说:"不要了不要了,她不在,就算了。"

慌张地出来,害怕被人识破。

回到家,一心等着天亮。这样等着,竟是睡了去,待到醒来,早过了午饭时间了。这就又去白尔登公寓。

在公寓门口,遇见刚配了药回来的退休教师沈爱珍。她是1950年代搬来这里的。当年俄罗斯芭蕾舞团在文化广场演出,站在自家的窗前,看得见演员在大镜子前练功。

沈老师热心,特地找来了电梯间的张阿姨。

在白尔登公寓的初始,张阿姨的公公便在这里开电梯了。

公公住在电梯旁边的偏房,为的是在子、丑、寅时,听见夜归人的电铃。

1940年代张阿姨嫁到这里,便没有离开过。很多事情都是听公公讲的。她道,住在这里不仅听得到狗吠,还可以看见跑狗场里的大班在公寓里进进出出。白尔登公寓一梯两户,每个单元都很大,住户大多是外国人和富裕的中国人。张阿姨不懂外语,所以就在汽车间里给住家做洗衣娘姨。

张爱玲的弟弟张子静曾经说:"1930年我父母离婚。姑姑和母亲一起搬了出去,在当时法租界(今延安西路以南)一幢雄伟的西式大厦里,租了一层有两套大套房的房子。那幢大厦住的大多是外国人。她们买了一部白色的汽车,用了一个白俄司机,还雇了一个法国厨师,生活很阔气。"相同的话,张爱玲的姑父李开第也曾对柯灵夫妇说过。

站在白尔登公寓的阳台,沸腾的逸园跑狗场和奢靡豪华的夜总会一览无余。

逸园跑狗场,旧上海最大的赛狗赌博场所。

1928年,法国人邵禄与黄金荣、杜月笙等帮会发起成立法商赛跑会。占地一百亩,建筑物为钢筋水泥结构,内外装饰为法国样式。除了跑狗场外,还设有足球场、舞场、酒吧、夜总会,为上海跑狗场中规模最大者。1930年代起,24路电车驶近亚尔培路(今陕西南路)、辣斐德路(今复兴中路)的街口时,卖票员大声报站:"跑狗场到了!到跑狗场的准备下车!"

作家孙树棻回忆说,逸园跑狗场内的逸园夜总会为

白尔登公寓,新古典主义风格。法商赉安洋行设计建造,1924年落成

上海最高级的娱乐交际场所。圣诞节,请女朋友去那里吃大餐,是很有面子的一件事情。

1941年,太平洋战争爆发,日本占领军强令跑狗业缴纳门票收入的半数作为军费,跑狗场只得停业,附属娱乐场所也随之关闭。

抗战胜利后,按照当时政府的法令,跑狗、跑马等赌博场所不准营业,但逸园跑狗场里的舞厅、餐厅、酒吧、演出厅都复业开张。一时间,战前逸园的常客纷纷来到这里重温旧梦。一位长者说:"逸园夜总会对于我,就犹如电影《卡萨布兰卡》里的瑞克酒吧。生活不在了,记忆还在的。"

1930年代,张爱玲的姑姑和母亲刚从国外回来的那几年里,姑嫂二人,有钱任性,经常搬家。搬来搬去,均是繁华地段的高级公寓。豪门二女挥霍张扬,以为祖上的金子银子是吃不完花不光的。如《红楼梦》第四十一回,刘姥姥再进大观园那一节,单是看吃茄子,先去了皮,切成碎丁子,用鸡油炸了,配鸡胸肉、鲜笋、蘑菇、各色干果,放在鸡汤里煨干,加糟油后封在坛子里,吃的时候拿出来,使了鸡瓜拌过,然后上桌。螃蟹馅的粉果,贾母也仅尝一口就扔了的。去妙玉那里喝茶,只是一个小尼姑,

1930年代的逸园跑狗场

用的茶具都是宫里面送出来的物件。难怪刘姥姥说，拔根汗毛比腰粗，这是真的。

直看张爱玲家姑姑和母亲的做派，就可知其家底子的深浅了。

到后来，张爱玲母亲是坐吃山空，每次回来，只一箱一箱的珠宝拿出去，换了美金和英镑，应付飘零的一日又一日。姑姑虽是工作，也是挑剔得很，又不会理财，在股票上输去了一大半。输了，懂得不易了，卖了车子，辞了厨子和司机，自己买菜做饭，不觉中承袭了张爱玲的祖母、李鸿章女儿的衣钵，一径省起钱来了。张爱玲父亲那里也是吃光用光，每日是末日，因为没有未来。

父亲、继母以及陆小曼，会把鸦片戒掉，不是觉悟，而是穷，再也买不起了。李鸿章说，我的子孙再笨，收收房租总还是会的吧。偏是不曾料，他的子孙连租子也是收不好的。张爱玲浸淫在这样的环境里，十九岁的年纪，已经会写"生命是一袭华美的袍，爬满了蚤子"这样苍凉的句子了。到底生活底子不同。

1949年以后，逸园跑狗场改做文化广场，曾经是上海最大的演出舞台。萧条的时候，做过花市和临时证券交易市场，到了春节或者情人节，翠袖盈香，花钿满地不闻莺。上海人消费的鲜花,有七成是在这里批发的。

总是有些东西要拆掉,有些东西要失去,不过还是不舍得逸园夜总会的那架老式铰链电梯,那是几代人留下来的岁月呀!

2006年5月的一天,又去白尔登公寓,隔着一个路口,就听见推土机在那里轰轰作响。近了,但见隔壁逸园夜总会早就是一片平地了,只剩了几根先前的木桩子,连根拔了出来,躺在废墟里面,一派决绝的模样。这就又想起了张爱玲的文字:"这一切,在着的时候也不曾为我所有,可是眼看它毁坏,还是难过的——对于千千万万的城里人,别的也没有什么了呀。"

看门的人见我难过,不晓得怎样是好,说:"早两天来就好了,这才拆了的。"

他这样说,我心里更是禁不住;犹如一个挚爱临终,却不曾来得及见最后一面。

没有声音的花季

我在新盖的酒店高层,对台湾皇冠文化出版有限公司的编辑指手画脚道,朝那里看,那边,是张爱玲的中学,圣玛利亚女校。寸土寸金的,听说地皮已经卖掉了。

这是一所美国教会学校,创立于1881年,位于上海西区的白利南路(今长宁路1187号),靠近兆丰公园(今中山公园),曾经是东华大学长宁校区的一部分。现在它又转手给了别人,不知道最后落入谁家。

2001年的一天,我去那里。教学楼涂了一层轻柔的黄,城堡式的拱门,弧线形阳台,一两枝骨瘦的蜡梅,回廊连接着宿舍,铺着意大利地砖。

柯灵的夫人陈国容从沪江大学毕业后,在圣玛利亚女校任教。学校的老师和同学都以张爱玲为荣,经常说起她,还指了教室的位置给陈国容看:"喏,张爱玲就是坐

创建于1881年的圣玛利亚女校

在那个位置上的。"

指尖流沙,今日已经无人指指点点,话说玄宗了。踩在回廊坚硬的地砖上,走过一根一根的罗马石柱,影子被时光拉长了。一间间教室看过去,拟凭着直觉认出张爱玲的位置,怎的,那个直觉一直没有抵达。

扭头,淡淡的太阳底下,格林童话里才有的一座教堂。层层叠叠的爬山虎把教堂包裹起来,建筑成了绿色襁褓里的婴儿。教堂里,少女的张爱玲,曾经合掌向上帝祷告。

夏季,教堂里有一种女性的凉意。同去的摄影师被教堂镂花铸铁的楼梯以及玫瑰窗子迷住,不肯罢手。我沿着旋转楼梯上去,一层一层,越往上面,楼梯越窄、越陡。想停下来,可是不能。站在通往教堂顶层的楼梯上一阵眩晕。想起那年去爬米兰大教堂屋顶,爬到一半,害怕了,大声呼救。

正是这样的时刻,头顶上传来脚步声。抬头,是两个学生,一男一女。我问:"上面通吗?"

男生说:"通的通的,没有锁。"

女生看了一眼男生,意思里他不该把这些告诉外人的。

圣玛利亚女校教堂，倚窗眺望

终于来到顶层，堆放着一些简单的播音器材，学生广播站的陈设。窗子被爬山虎的藤蔓绊住了，很费了一番周折才推开来。

> 大考的早晨，那惨淡的心情大概只有军队作战前的黎明可以比拟……因为完全是等待。（张爱玲：《小团圆》，第15页）

凭栏远眺，蓦然想起张爱玲的句子。

摄影师端着相机跟过来，这里那里地一气揿快门。意念里，张爱玲还在，坐在那里，埋金埋沙；风儿吹过，一阵细雨，花瓣儿撒得满头满脸，她亦不动的。坐久了，早晚地，她又被落红不甘愿地埋了起来。这些个情节在小说《同学少年都不贱》里可以寻到。

张爱玲从来都是有专职保姆打理生活的，连一条手帕也不曾洗过。到了寄宿学校，张爱玲的卧室总是最凌乱的一间。当时，圣玛利亚女校的学生宿舍配有衣帽鞋柜。不穿的鞋子规定搁置在鞋柜，不允许放在床底下。凡把鞋子放在床底下，被视为不雅观。张爱玲懒得恪守校规，经常把自己的皮鞋随意地"弃屣"于床下。于是，屡被发现，屡被惩罚性展览出来。即便如此,她依旧漠然。逼得紧,不得不解释时,她才道一句:"哎呀,我忘了呀。"

宿舍有一条长的走廊,阳光从远远的那一头穿过拱券石门,照在浅浅的门槛上,又一点一点移上去,变细了身子,想从门的缝隙里钻进去。那个时候,张爱玲的鞋子便是被展览在这里。

走廊外面,一个清清淡淡的庭院,有《红楼梦》里妙玉栊翠庵的气息。

门里面,木制地板上的小床,一面镜子在阳光下一晃,晃出张爱玲一张老沉的脸。她拿了一支丹琪牌口红涂在薄的唇上。桂花的香气挟着钟声缓慢地传来,静谧而悠长,端的,张爱玲的脸碎开去,一股苍凉升腾上来,弥漫了视线。一扇窗子暗了,一朵花儿开了,露水正在下坠,一个女人在这里独自生长,然后在另一个地方独自死去——生命的神秘。

张爱玲在这里是自卑的,虽然背了显赫家族的头衔,但是永远穿继母的旧衣服,总也穿不完。

以后,在美国,她有过一段衣服癖,买很多鲜艳的衣服挂在衣橱,补偿灰色的少女期。

张爱玲的校舍,青灯美人的悲凉。老了,她坐在美国单身公寓的纸板箱前,一张压花餐巾纸,一管口红,一份菜单,依旧可以让她心动。她伏在那里写作。她的文字——褪去、淡去,但不会死去。

母亲又要走,特地去学校看她,她一径低了头,看着脚尖,不着片言只语。母亲哭起来,她亦是不为所动,一味地僵持在那里,极端而夸张。

母亲起身离开。

铁门"哐当"一声,在母亲的身后关闭。

母亲的心碎掉。

听着铁门关闭的声响,张爱玲方抬了头,望了母亲去的方向,落下泪来。她知道自己伤害了母亲,也知道母亲一定觉得她很没有良心,可她无法控制自己。她的性格折磨着母亲,也折磨着自己——精致的冷酷和自私。

奈何?张爱玲的性格是这个家庭给予的,她没有选择,只得继承、变异。她怨恨母亲。母亲抛弃了她,把她留在家里做替代品,如同屏风上的一只白鸟,钉在上面,飞不走了。

学校已经拆了,那扇黑漆镂花的铁门,大约在大炼钢铁的时代投入熔化炉。

天色尚未暗下来,玉兰半开半合,形态高雅。无声无息的风,只觉得淡青色的暮霭里,只张爱玲一人,单薄的身子,清远寂寥的样子。

有女孩子的笑声,仿若来自民国。

命运被改写的序曲

陈伟达饭店里附设一个舞厅,因为舞厅太著名了,所以在1947年的地图上,酒店反倒是附设了。

"七七"抗战爆发前一年,张爱玲舅舅一家不知道为了什么样的原因搬到了芜湖。

舅舅在芜湖过了四十岁的生日后,一家人又回到了上海。一时间找不到合适的房子,就住进了霞飞路(今淮海中路)上的陈伟达饭店。母亲追随其后。母亲与舅舅是双胞胎,尽管各自成家,有了妻儿,却是惜惜相依,仿佛还同着一个胎盘。

蕊秋与她兄弟都住在越界筑路的地段。云志承认他胆子小,一打仗就在法租界一家旅馆里租下一套三

陈伟达饭店,张爱玲的命运在此改变

个房间,阖家搬去避难。他的姨太太早已"打发"了。他叫蕊秋楚娣也去住,蕊秋大概觉得他这笔旅馆费太可观了,想充分利用一下,叫九莉也跟去,也许也是越看她越不行,想乘机熏陶熏陶。

旅馆里很热闹。粉紫色的浴缸上已经一圈垢腻。(张爱玲:《小团圆》,第110页、第111页)

张爱玲住的老宅子,靠近苏州河,晚上炮声隆隆,听得真真切切,站在府邸门前,时常看见难民们拖家带口逃到租界来。

母亲担心女儿的安全,把张爱玲安排在陈伟达饭店。舅舅一家也住在那里,表姐妹一起,煞是欢喜。

陈伟达饭店,共有八层,钢筋混凝土结构,屋顶花园铺马塞克棋盘状花砖,提供酒吧服务。

盛宣怀的孙女盛佩玉在失去爱女之后,睹物思人,邵洵美劝其在此疗伤。她的感觉是,这幢房子像旅馆,又像别墅,除了西崽,没有见到过一个中国人。

陈伟达饭店地处法租界的霞飞路,附近满街的咖啡馆、西菜馆、影院、啤酒花园、舞厅以及美丽的白俄女招待。

一个夏日,文人张若谷在霞飞路上的俄国菜馆请了田汉的夫人后,独自一人去了霞飞路和金神父路(瑞金二路)转角的一家俄国咖啡馆喝咖啡。

他说,坐在那里真觉得有趣得很。一只方形的小桌子,上面摊着一方细巧平帖的白布;一只小瓷窑瓶,插了两三支鲜艳馥芬的花。从银制器皿上的光彩中,隐约映现着旁座男女的丽影。窗外三五成群的青年,骑着英国牌子的自行车,鸽阵一般掠过。每日黄昏,霞飞路便是一个时尚舞台。在上海就只有这一条马路,夹道梧桐树荫,各种上流社交圈子的人,他们中间有法国人、俄国人,也有一些中国人,绅士携文明杖,淑女披着皮草和秀发,都是卡尔维诺笔下的城市漫游者和浪荡子。

巴金在此成为亭子间作家。新感觉派的文人刘呐鸥、施蛰存、穆时英也是此地的常客。

时髦的生活,对女性自然也是春药。

橱窗里,木头的美人斜睨着眼,歪戴着帽子,帽子上面闲插了几枝羽毛。张爱玲缩了脖子凑近了看,嘴里的热气呵在橱窗的大玻璃上,化作了一层轻薄的雾。买是不买的,只是橱窗消费而已。

一家特级理发店,一般的工薪阶层是断不肯进去洗头吹发的，因为贵。店堂垂着绿丝绒流苏帷幕。帷幕下，一只柔顺的花猫卧在那里。这个温存的图景，一直留在张爱玲的记忆里。

现如今，这里改换门庭，成了一家女子内衣店。

霞飞路上的国泰电影院亦是张爱玲喜爱的地方。

国泰电影院的对角，老大昌食品店。看了电影出来，可以到那里去坐一坐，点一杯咖啡或者热可可，再来一份鸡蛋三明治。

多年后，张爱玲在日本的"土耳其人家"吃饭，店家给她吃馅饼，她觉得有老大昌肉馅煎饼的味道，但是不如老大昌的好吃。都说思乡是从味觉开始的，信然！

1980年代中期，朋友们纷纷出国。许多个下午，我坐在老大昌的二楼，举行着为了告别的聚会。

老大昌已经拆掉了。想念的时候，就把老电影《永不消逝的电波》找出来看。那里面，剧中人坐三轮车去老大昌买结婚蛋糕。

1950年代，陈伟达饭店改做民居，更名为钱塘大楼。

一楼的舞厅被警备区改做了仓库。

学林出版社的编辑钱丽明在这里住了三十多年。她说，住进来的时候，开电梯的先生是很有风度的，手套制服，中规中矩。一天，他突然开口说起了英语，把当时还是小孩子的钱丽明吓了一跳。于是，她对他刮目相看。渐渐地，熟了，从他的嘴里知道，他会好几种语言。因为以前，这里住的大多是外国侨民。

陈伟达饭店的后面被称作钱家塘，那里有一个公共浴室。小的时候，姐姐领我去洗澡。洗完澡，穿过弄堂，到陈伟达饭店边上的克来夫特（旧上海规模最大的西点店），买柠檬蛋糕或者是"拿破仑"，也会到陕西路口的公泰水果店买糖炒栗子和冰冻橘子汽水或光明牌三色冰激凌。

以后认识了钱丽明，常无端端地跑到她的家里，坐在她家的小阳台上，喝茶聊天，看淮海路上的风景。当年实业巨子盛宣怀家的小姐也喜欢坐在这里的小阳台上，想心思，编绒线。

张爱玲在这里住了两个星期，逛霞飞路，看电影，喝咖啡，考英语，丝毫没有预感到，这样的日子正潜伏着她命运的一个楔子，一个颠覆。对中国现代文学即将出现的异数女作家来说，是蝴蝶效应最初的那一对翅膀的扇动。

陈伟达饭店在 1996 年拆除，成了知名的襄阳路市场的一部分。后来，襄阳路市场也终结了，盖了环贸百货大厦。如此看来，倒是文字更坚固，不容易被挪动。

老宅,写作的原乡

旧的家。石库门风格与西洋风格混搭,加拿大建筑师爱尔·德设计建造。

街口,一个两开间的布店,很中国的名字"祥兴恒棉布号",为着减价,电喇叭里一遍又一遍地播放着"苏三不要哭"。

这幢清水红砖的大宅子,设有二十几个房间,园子连着网球场。一株百年广玉兰,枝繁叶茂,如华盖,如凉亭。寂寥的夜里,草木纠缠在一起,在暗的影子里生发出一片无可名状的模糊和暧昧,如狐仙活动的场所,天一亮就不见了。

张爱玲出生在这里。

父亲与继母结婚后,他们重回这里。

婚后还跟前妻娘家做近邻,出出进进不免被评头品足的,有点不成体统,随即迁入一幢大老洋房,因为那地段贬值,房租也还不贵。翠华(张爱玲继母)饭后到阳台上去眺望花园里荒废的网球场,九莉(张爱玲)跟了出去。乃德(张爱玲父亲)也踱了出来。风很大,吹着翠华的半旧窄紫条纹薄绸旗袍,更显出一捻腰身,玲珑突出的胯骨。她头发溜光的全往后,梳个低而扁的髻,长方脸,在阳光中苍白异常,长方的大眼睛。

"咦,你们很像。"乃德笑着说,有点不好意思,仿佛是说他们姻缘天定,连前妻生的女儿都像她。

但是翠华显然听了不高兴,只淡淡笑着"唔"了一声,嗓音非常低沉。

九莉想道:"也许粗看有点像。——不知道。"(张爱玲:《小团圆》,第95页)

高中毕业,因为与继母的一次冲撞,彻底颠覆了张爱玲的命运。

1888年,张爱玲祖母李菊耦出嫁。

相府千金"出阁",扶其入洞房的是晚清要人周馥、胡橘菜的夫人,是为北洋大事。

辛亥革命,李菊耦携一儿一女从南京城逃生,住在此地,也是李鸿章早年置下的产业。

房子的地址:泰兴路313号。

自然照了去找。

众里寻它千百度,没有,没有,人们十分肯定地说没有。街道、里委、警署,一概没有。没有档案可查。母亲说,他们接管上海的时候,把很多资料都扔掉了。因为这是"旧"的东西。

于是张子静《我的姐姐张爱玲》便成了重要参考。年代久了,许多事情,张子静也记不清了。他只记得,那幢老房子离苏州河近,就在苏州河边上。打仗的时候,枪炮声呼啸而来,如同自己也在战壕里。所以他们的母亲把张爱玲接到霞飞路上的陈伟达饭店。

车子在泰兴路和苏州河一带倒来倒去。看不真切,索性下车实地勘察。越过苏州河畔的恒丰路桥,沿着石门二路,在一个转弯处,路断了,去看门牌,已然到了康定东路。

康定东路上,一长排红砖的石库门房子,房子和房子之间用拱券连接,形成和谐的整体,具有鲜明的开埠风格。

走到87弄,隐约一幢清末民初模样的红楼,被一家超市挡住了视线。

走进去,一幢大房子横空出世。

"它是一幢清末民初盖的房子,仿造西式建筑,房间多而进深,后院还有一圈房子供用人居住;全部大约二十多个房间。住房的下面是一个面积同样大的地下室,通气孔都是圆形的,一个个与后院的用人房相对着。"(张子静:《我的姐姐张爱玲》,学林出版社1997年版)

用人住的房子属于石库门风格,细部掺杂了一些西洋元素。门开着,进去,一个小花厅,已然是破败样了,舶来的花砖居然抵抗了岁月的侵蚀,依然明媚。一位中年女子在天井里洗东西,对张爱玲、李鸿章一概不知。

知道问不出什么的,只是不愿意就这样离开,探头探脑,想获得一些侥幸。

二楼上,一扇窗开了下来,移出半张男人的脸,眉清目秀。

问:"找谁?"

"找李鸿章的房子呀!"语气里已是没有了热切。

男子道:"这里便是。"

狐疑。

男子下得楼来,指着对面赭红色的大房子:"喏,那里以前是李鸿章家的产业,这条弄堂全是的,以前弄堂口有大门的,还有人看守的。我外婆在这里住了一辈子,老底子里的事情都是听她讲的。"

问:"花园呢?书上写,有一个花园的。"

男子答:"花园拆了,你看,给那里的学校造了房子了。"

男子跨出院门,指着自家房子的墙说:

"以前,这里都有石雕的,'文革'里被敲掉了。"

是的,张爱玲说过的,她被父亲关着的时候,透过窗子,石雕忠诚地排列在那里,军队一般。

"病了半年,躺在床上看着秋冬的淡清的天,对面的门楼上挑起灰石的鹿角,底下累累两排小石菩萨——也不知道现在是哪一朝,哪一代——朦胧地生在这所房子里……"(张爱玲:《私语》,上海《天地》1944年7月第10期)

去张爱玲家的老宅,心里,设了一个仪式。朝房子走去,比如朝张爱玲走去——

台阶。

外廊式门庭。

楼梯横亘在客厅的中间。空间大而深，是缩小了又缩小的宫廷，有旧梦里邀出来的板滞、奢华、浪掷，是一幅缺失了时间的洒金画轴。

客厅中间应该吊枝形水晶灯的地方有一个大铁钩子。那是当年用来挂煤气灯的。在没有电的时候，点煤气灯就算是上等人家了。上海 1858 年有自来火（煤气）公司，1881 年 7 月 26 日，上海公共租界电灯公司试行发电，上海开始使用电灯。这个钩子像树的年轮，泄露了自己的年龄。

1920 年，张爱玲在这个宅子里出生。谢天谢地，是在一个有光的时代。

环顾四周，想给张爱玲的家摆上一个鱼缸，只是哪儿都不合适。张爱玲说过，家里挂过陆小曼的画的。这幅画在哪里呢？

乱世的人，什么都不必在乎。

张爱玲被父亲禁闭在一楼的那间屋子已经做了教室，窗口望出去，正是用人的住房。一生以伺候人为职业的保姆何干也是在那里栖身的吧。

老宅，张爱玲在这里出生，也在这里颠覆了自己的命运

烈日下的阳台，空空荡荡。曾经，张爱玲的弟弟被父亲打，张爱玲心疼地落下眼泪。继母讥笑道："又不是打你，你哭什么？"

不一会儿，只听得玻璃窗上"嘭"的一声，弟弟张子静在玩球，早就把被打之事抛在脑后了。张爱玲恨鲥鱼刺多，亦恨弟弟没有记性。

印象里，张爱玲的父亲总是待在二楼的。

上楼，楼梯的木板发出年代久远的咯吱声。它果然是有记忆的。

二楼比底下多了一点亮，是昏昏沉沉的亮。在这亮的光里，经常弥漫着父亲和继母的烟雾。徐志摩的女人陆小曼也是来过这里的。陆小曼同张爱玲的继母都爱鸦片，躺在那里，醉生梦死，一口一口，半息游丝，颓废的宁静。精气神来了，请来琴师，票几句京剧，搓几盘麻将，然后，电话里，从中意的馆子里叫了菜送上门来。下人们乐得清闲，还有赏钱拿。

冬天只有他们吸烟的起坐间生火炉。下楼吃午饭，翠华带只花绸套热水袋下来。乃德先吃完了，照例绕室兜圈子，走过她背后的时候，把她的热水袋搁在她的颈项背后,笑道:"烫死你!烫死你!"

"别闹。"她偏着头笑着躲开。

下午九莉(张爱玲)到他们起坐间去看报,见九林(张爱玲的弟弟张子静)斜倚在烟铺上,偎在翠华身后。他还没长高,小猫一样,脸上有一种心安理得的神气,仿佛终于找到了一个安身立命的角落。她震了一震,心里想是几时孟光接了梁鸿案。烟铺上的三个人构成一幅家庭行乐图,很自然,显然没有她在内。

翠华节省家用,辞歇了李妈,说九莉反正不大在家,九林也大了,韩妈带看着他点,可以兼洗衣服。其实九莉住校也仍旧要她每周去送零食,衣服全都拿回来洗。

当时一般女佣每月工资三块钱,多则五块。盛家一向给韩妈十块,因为是老太太手里的人。现在减成五块,韩妈仍旧十分巴结,在饭桌前回话,总是从心深处叫声"太太!"感情滂沱的声气。她"老缩"了,矮墩墩站在那里,面容也有变狮子脸的趋势,像只大狗蹲坐着仰望着翠华,眼神很紧张,因为耳朵有点聋,仿佛以为能靠眼睛来补救。

她总是催九莉"进去",指起坐间吸烟室。

楚娣(张爱玲姑姑)来联络感情,穿着米黄丝绒镶皮子大衣,回旋的喇叭下摆上一圈麝鼠,更衬托出她完美的长腿。蕊秋说的:"你三姑就是一双腿好。"比玛琳黛德丽的腿略丰满些,柔若无骨,没有膝盖。她总是来去匆匆的与韩妈对答一两句,撇着合肥土白打趣她:"哎,韩大妈!好哦?我好哦。"然后习惯的鼻子略嗅一嗅,表示淡漠。(张爱玲:《小团圆》,第97—99页、第100页)

保姆何干搬来了姑姑和舅舅替张爱玲求情。

烟室里,张爱玲的父亲和继母正在抽烟,看见姑姑和舅舅来,心里很不舒坦。几句话说不拢,张爱玲的父亲把烟枪扔过去,伤了姑姑的眼睛,流了很多血。因为要面子,没有报警。姑姑发誓再也不登这个门了。

这一段情节十分吊诡。这个屋子的常客陆小曼,亦曾经搬演过如此这般的戏码。

徐志摩苦口婆心地劝:眉,我爱你,深深地爱你,所以你把鸦片烟戒掉吧。

陆小曼娇纵无度,哪里来得及思量前程后果,一个随手,把烟枪朝徐志摩脸上掷过去,幸得徐志摩躲闪及时未被击中,然惊愕中,鼻梁上的眼镜滑落下来,碎成了一地。

徐志摩被陆小曼砸了烟枪,哀痛且无门相告。一夜无语。次晨赴南京,晚上访杨杏佛未遇,在便条纸上,留下了他在世上的最后几笔,匆忙赶去机场。为了省钱,他搭乘的是中航平京线的济南号邮机。悲剧就发生在这次航班上。

听四明村的老住户讲,陆小曼住的那幢小楼沿街,1950年代的时候,陆小曼已经住在亭子间里。楼下租给了一个水果摊,一旁一个酱油店。前几年,因为修建高架桥,沿街的房子拆去两排,陆小曼和徐志摩爱恨胶着的小楼也随之消失了。

这是宕开去的一笔。

老宅地下室还在。门开着,点了灯,湿漉漉的,好像当年法国皇后玛丽·安托瓦内特的囚室。犹豫了一下,终于还是没有进去。

大门在身后关闭了。我站在那里,站在七月流火的太阳底下,依然感到一阵一阵透彻的凉。忽然想念起巴黎蒙马特高地上的太阳和浓烈的咖啡。

2002年的一个黄昏,七转八转,终于在巴士底狱广场附近找到了雨果的故居。去晚了,门安静地关着。二楼阳台的落地窗,挂了一层粉红色的窗帘,敷衍出一份女人气质的温柔。房子的外廊下,坐着一位从德国来的诗人,眼神里闪烁着诚挚的忧郁。我们挽在一起照相,为了彼此的无法舍弃的怀念。

可是我们再也牵不到张爱玲的手了。

再也牵不到了。

我回转头,眼前是砖的红色,版画一样的轮廓。张爱玲出生的老宅子,像一个放大了的幽暗的遗骨盒。回来,和朋友说起张爱玲的这个旧的家,不知道为什么,居然流了泪。

2006年的冬天,住在多伦多附近的小镇上。漫天的雪,窝在房间里。起居室里,壁炉烧得很旺,一把摇椅,铺着房东太太自己织的毛线毯,一只叫艾莉维的猫趴在脚边。许是舒服得很,动也不动,比如一只长毛绒玩具。道尔斯太太端来鸡汤。我感冒,她特地炖了清鸡汤,中国人惯常的那种鸡汤。他们自己是不喝的。我却又要想起张爱玲。她是一个孤岛。她家里的人几乎都是一个死法——一个人,孤独如曼陀罗花,有花不见叶。

有关张爱玲的书,把康定东路87弄说成麦根路(今泰兴路)313号。为什么会有这样的错误呢?原因是上海的路名不断地改朝换代,如同妻妾,嫁得次数多了,本姓便模糊起来。譬如淮海中路,初名西江路,1906年宝昌路,1915年霞飞路,1943年泰山路,1945年林森路,1950年改为今名。

根据《上海市路名大全》:康定东路在1862年建筑,原为麦根路的一段。康定东路、石门二路、泰兴路曾经都叫"淮安路"。1943年,更名为淮安路东段。三条马路原本联系在一起,一度共同拥有同一个名字。后来分家,各起炉灶,门牌重新整理。不查旧账的人,哪里懂得这里面的变故。况且上下五千年,家大业大,反倒是不珍惜了,拆了,烧了,灰飞烟灭。

理清了路名,依然地惴惴不安。好像买房子付了钱,一定要拿到产权证方始安心。

2003年的7月,开始了新一轮的追寻。

第一站:静安区地方志办公室。

第二站:静安区房产置业公司。

第三站:主管康定东路老房子的一家物业公司。

那一日,到得物业公司,正是午饭时间。

经理刚从会议室出来。

走廊上,经理道:"奇怪,为什么张爱玲忽然这样红,写她的书,拍她的电影。"

"哦,大概是对她以前冷落的一种补偿吧。比如画家凡·高。"

经理不置可否。

资料员拿出钥匙,开了文件柜门,托出一本册子。泛黄的纸,随便地装订在那里,有一种临时和匆忙的感觉。一直放在那里,无人理会的。今天忽然有人当了宝贝来找,资料员的脸上浮出了一些庄重。

曾听到一个故事:上海解放的时候,一位连长缴获了上海重要的房产资料,旧世界是要被砸碎的,便令人把这些旧纸给烧了。纸质优良,烧不透,索性搬到窗口,倾泻而下。等到醒悟,说什么都没用了。这位连长给上海的老房子烧了一把纸钱。从此,一些老房子没有了身份,失去了言说的依据。

上海有一个影视基地,按照照片复制了老上海的街道和楼宇。在这个工艺化的过程中,上海的真实性被消减了。复制的物件里只是戏剧,只是道具。李安拍摄根据张爱玲小说《色·戒》改编的电影时,欲寻找一片完整的民国街区，已是不可能了。

我们家的那栋房子，据说以前是神甫住的。红瓦、尖顶、笨重的铜把手、蓝色琉璃砖砌成的壁炉，地上、窗框上铺着结实的牛皮，无论风，无论雨，无论怎样地喧闹，脚底下永远是睡莲般的安静。

曾经想把卧室里的壁炉改成书橱。拆开来，发现每一块砖上都有一个人的名字，还刻着日子，于是，就不舍得拆了。

历史沧桑的老房子，有抚摸它们的冲动，因为那里面蕴蓄了几代人的温存和呼吸，有缠绵或者撕裂的男女之情，有一本没有来得及看完的书，有一个玩旧了的洋娃娃或者一瓶不曾开封的好年份的红酒。

复制品只是复制品。

有朋友在废弃的房子里发现了一份二十多年前的报纸，以为珍贵，捧得回来，装裱在宣纸上面。一直有人问：什么是人文？这就是吧。

失去的将永远失去。我们只有哀悼。

资料员说："你要的东西没有呀。"他的声音倒像似在梦里。

他把本子侧过来给我看。上面是 1950 年代以后一个工厂的产权转让资料。

顺了文字下来,我看见了这个宅子原先的地址和建造年代:

辛前。(辛亥革命前)

淮安路313号。

这两栏文字让我狂喜不已。

辛亥革命前的1899年,李鸿章、盛宣怀、贝润生等人,纷纷购置和租赁静安区一带的房产,向银行、钱庄贷款,投入房产开发,建造了大量房屋。张爱玲说,她出生的房子本来就是自家的房子,从年份上,这幢房子是吻合的。而转让的工厂,应该就是"鸿章纺织染厂"。

"这里马上要拆掉了。房子很破了。"资料员并不在乎这样的结局。

一时三刻的,我却回不过神来。心只管往下面坠过去,坠在一个深的、喑哑的声音里。那年我五岁,姥姥死了。在火葬场里,姥姥被推进焚烧炉。我急得不得了,想要把姥姥抢回来,可是我抢不过的。

整整一个夏天,夸父追日般寻找、徘徊。担心着,下一次来的时候,还能不能挽着朋友的手臂,指指点点,叙说张爱玲的传奇了。

张爱玲的传奇是从这里开始。

这栋房子改变了很多人的命运。

北洋国务总理的七女儿做了李鸿章外孙的填房。

有了继母,一切都不一样了。

> 喜期那天,闹房也有竺大太太,出来向楚娣说:"新娘子太老了没意思,闹不起来。人家那么老气横秋敬糖敬瓜子的。二弟弟倒是想要人闹。"
>
> 过门第二天早上,九莉下楼到客室里去,还是她小时候那几件旧摆设,赤凤团花地毯,熟悉的淡淡的灰尘味夹着花香——多了两盆花。预备有客来,桌上陈列着四色糖果。她坐下来便吃,觉得是贿赂。
>
> 九林走来见了,怔了一怔,也坐下来吃。二人一声也不言语,把一盘蓝玻璃纸包的大粒巧克力花生糖都快吃光了。陪房女佣见了,也不作声,忙去开糖罐子另抓了两把来,直让他们吃,他二人方才微笑抽身走开了。(张爱玲:《小团圆》,第94—95页)

继母是一个化学体。或者说,继母遇见张爱玲,便是金星火星撞地球。张爱玲的恋父情结具有病毒一般的特质：在潜伏期间，是一个伟大的模仿者，在身体的各个部分，以其他疾病的方式出现，有不受约束和反常的行为。到了后期，似乎是为补偿患者长期的痛苦和失望，病毒居然以浮士德与魔鬼交易的方式，给予患者奖励。这个期间，患者会有充满创意的兴奋喜悦和几乎是神奇的知识体验，感知能力提高，洞察力敏锐。

病毒制造天才，恋父情结也制造着天才。在世界文学领域里，它创造了一批优秀的女作家。

父亲结婚以后，继母带着自己的母亲和两兄弟，浩浩荡荡搬过来。张爱玲紧张，开始便秘。每次灌肠，如临大敌。她神情委顿，目光板滞，喜怒无常，拒绝别人，亦拒绝自己。又正好是女孩子的青春期和反叛期，其行为举止充满了乖张和怪异。没有人理会她，她只能自闭自怜，一步一步走向心灵最不可控制的那个暗渠里。

其实继母也是想和张爱玲搞好关系的。继母知道张爱玲的身材和自己差不多，打理了一箱旧衣服。张爱玲穿继母的衣服，没有感激，只有委屈和没落。曾经这样的一个显赫的家族，倒要靠穿别人家的旧衣服来撑门面了，单是这一项，就荒凉了起来。

翠华从娘家带来许多旧衣服给九莉穿，领口发了毛的线呢长袍，一件又一件，永远穿不完。在她那号称贵族化的教会女校实在触目。她很希望有校服，但是结果又没通过。（张爱玲：《小团圆》，第100页）

弗洛伊德认为，恋父情结的人，当她投射的目标失去的时候，往往开始向内心退缩，用自爱来补偿，渐渐地演变成自卑自怜的心态，成为一个具有水仙子特征的心理病人。

因为住校，张爱玲和继母也还敷衍得过去，况且还有父亲在中间斡旋。但恋父情结的病毒如同波德莱尔的恶之花，在那里静静地生长着。只有鱼死网破。

该发生的，总要发生。

1937年，和继母的口角，演变成了一场个人命运的逆转。

张爱玲和母亲、舅舅一家住在陈伟达饭店。

轰炸中，都说这旅馆大厦楼梯上最安全。九莉坐在梯级上，看表姐们借来的《金粉世家》，非常愉快。

次日正午一声巨响，是大世界游艺场中弹，就在法大马路。九莉在窗口看见一连串军用卡车开过，有一辆在苍绿油布篷下露出一大堆肉黄色义肢，像橱窗中陈列的，不过在这里乱七八糟，夹杂在花布与短打衣裤间。有些义肢上有蜿蜒的亮晶晶深红色的血痕。匆匆一瞥，根本不相信看见了。

看来法租界比她家里还要危险。午后蕊秋便道："好了，你回去吧。"（张爱玲：《小团圆》，第111—112页）

回到家里，正是吃饭的时候，下着百叶窗的客厅里，饭菜已经摆上了桌子。一旁的金鱼缸上细细地描摹出橙红色的鱼藻，只是没有鲜活的鱼在里面游动。

家里的墙上挂着陆小曼的画。

天热，下了车还走一大截路，张爱玲先上楼去梳洗。才上了台阶，可巧继母就下楼来了。

"昨晚不回来，怎么不告诉一声？

"我打了电话，"琵琶（张爱玲）吃惊道，"我跟爸爸说了。"

"出去了也不告诉我一声,你眼里还有我?"

"娘不在,我跟爸爸说了。"

一句话还没有说完,脸上就挨了荣珠(张爱玲继母)一个耳刮子。她也回手,可是荣珠两手乱划挡住了。

"她打我!她打我!"婴儿似地锐叫不像荣珠的声音,随着啪嗒啪嗒的拖鞋声向上窜,另一只拖鞋的声音下来了。老妈子们愣住了,琵琶也是。

"你打人我就打你。"

他(张爱玲父亲)噼啪两下给了她两个耳刮子,她的头偏到这一边,又偏到另一边跌在地上……他最后又补上一脚,一阵风似的出了房间。

(张爱玲:《雷峰塔》,皇冠文化出版有限公司2010年版,第286页)

张爱玲喑哑下去。

她断是想不到父亲会打她,从来没有的。父亲一直宠爱她的,即使有了继母,也尽力偏袒着她。现在父亲居然挥拳,便是在她和继母之间做了情感的选择。

孙宝琦的孙子孙世仁从墨尔本回上海探望母亲,他称孙用蕃为"七姑"。从他那里,得到了另一个版本的故事。

1972年,孙世仁走访那些家族的长老,家人的传说是这样的:那天张爱玲匆匆进大门直奔楼梯要去二楼寝室。那幢欧美西式洋房,进门一间大客厅,客厅中央一架柚木楼梯,两米宽,宽畅气派。正巧继母右手扶栏下楼,便道住外几天也没说一声。张爱玲含糊回应。大约孙用蕃觉得张爱玲对长辈不敬,伸手拦住这个十八岁的女孩子,张爱玲推开孙用蕃的手继续往楼上去。不料孙用蕃向来弱不禁风,被这一推,细细的腰肢居然一扭,险些倒下,惊吓之余,哎哟了一声,朝着烟榻的方向凄厉道:"你女儿得管管啦!我没错待她,她不能这样对我。"这是后人的粉饰。

张爱玲的父亲被激怒。张爱玲在父亲的拳脚下感到了双重的抛弃。她歇斯底里地哭将起来,口口声声说要报官。父亲自然也是怒不可遏。张爱玲披散了头发,一副宁为玉碎的样子。一时间,父亲在女儿身上看见了自己的前妻——一个湖南女子那种样子的倔强。

大门上了锁出不去,她便住到楼下两间空房里,离他们远些,比较安全。一住下来就放心了些,那两场乱梦颠倒似的风暴倒已经去远了。似乎无论出了什么事,她只要一个人过一阵子就好了。这是来自童年深处的一种浑,也是一种定力。

这两间房里堆着一些用不着的旧家具,连她小时候都没见过,已经打入冷宫的红木大橱,橱顶有雕花门楼子。翠华的两个进大学的兄弟来住的时候权作客房,睡在藤心红木炕床上。她只用一间,把中间的拉门拉上。(张爱玲:《小团圆》,第112页)

软禁张爱玲的屋子,离马路远。半日里她大喊大叫,满口胡话,试图引起外面巡警的注意,然而枉然。

姑姑来求情。

张爱玲觉出了希望。

突然听见叫骂声,在楼上楼梯口,声带紧得不像楚娣的声音,一路嚷下楼梯,听不清楚说什么。才来了没有一会。

乘此冲出去,也许可以跟三姑一块走。

韩妈更紧张起来。

老宅一楼的房间，张爱玲被父亲拳脚之后软禁于此

九莉坐着没动,自己估量打不过她,而且也过不了大门口门警那一关。

发高热,她梦见她父亲带她去兜风,到了郊区车夫开快车,夏夜的凉风吹得十分畅快。街灯越来越稀少,两边似乎都是田野,不禁想起阎瑞生王莲英的案子,有点寒森森的。阎瑞生带了个妓女到郊外兜风,为了她的首饰勒死了她。跟乃德在一起,这一类的事更觉得接近。(张爱玲:《小团圆》,第114—115页)

终日里,张爱玲计算着逃跑。一个不喜欢运动的人,竟然练起了体操,因为逃跑需要体力。

倏又腊尽春回,一个星辰疏淡的临晨,张爱玲闪出了自家的铁门,揣了一颗忐忑的心,坐上黄包车,逃去了母亲的家,彻底改写了自己的命牌。

旧家的结束,是一个界碑,是张爱玲创作的前身。从此以后,张爱玲不断地咀嚼和涂抹着这个前身,成为海派文学的祭旗者。

亲情的折磨

"不久我母亲回到上海来了,就先为舅舅家找了位于开纳路明月新村的房子;她和我姑姑则搬进明月新村对面一家较小的公寓里租住。我母亲那年回上海,主要的是设法让我姐姐去英国读大学。平日没事几乎每天回我舅舅家吃晚饭、聊天。"(张子静:《我的姐姐张爱玲》)

开纳路,1911年筑。初名开纳路,1943年开源路,1950年更名武定西路。

去找开纳公寓的时候,是初夏的午后。

警署、居委会、弄堂口的老人、市三女中的同学,问了许多人,都说不知道。因为也是改了名字。

自是不甘心,一条一条弄堂寻将过去。

开纳路上的弄堂幽深、曲折,一重一重的绿荫下,老气横秋的大宅子,犹如袖珍版的英国庄园。

逃出旧的家（老宅），张爱玲与母亲和姑姑三位因着各自的原因独身着的女性，醒目地住在开纳公寓

这些宅子,虽然老旧,依然散发出当年的奢华。紧闭的大门,锈滞的铜锁,矮墙肩头或粉或白的夹竹桃,昏晕的街灯,有民国探案小说《蓝色响尾蛇》的诡异。

在汪伪政权时期,说起开纳路,神秘里带出一点森严。

汪精卫政府特务总部,简称"76号",由丁默邨任主任。又成立"警卫总队",由李士群兼总队长,吴四宝之妻佘爱珍为经理主任,此人后来在日本与胡兰成同居。一班汉奸新贵,为了避人耳目,也为安全,悉数从76号的后门开纳路进出。彼时,江苏省省长潘三省的豪宅也在开纳路10号。

张爱玲的母亲和姑姑住在开纳路上的开纳公寓。这是一幢四层楼的公寓,一梯两户,门上一块花玻璃,类似现在的猫眼,一方蕾丝薄纱垂在那里,是遮挡也是窥视。

公寓带一个花园,夏日里,茂密的树叶爬出墙外,悠然地垂落在午后的阳光下。园子里的石井,闲置在那里。因为光绪年间清宫珍妃的故事,以及无数中国旧式女子的宿命,人们对井总有阴森幽暗的恐惧在里面。

张爱玲不跳井,她骨头的颜色是和母亲一般的。

公寓的顶楼，一个硕大的阳台。梅雨季节过后，公寓里的用人们抱了蚕丝被、羊毛毯子来晒霉，顺便地说一些家长里短。公寓的独门独户应该是老死不相往来的，然因了用人的关系，便也知道了别人的一些琐屑。

开纳公寓的设施完备，冷暖水大浴缸、德国制煤气炉，法国的编织地毯、席梦思弹簧床，空气中飘散着英国香水的余韵，以及唱片机里歌剧《茶花女》的咏叹调……

母亲给张爱玲请了一位犹太英国籍教师补习功课。学费很贵，是母亲从养老钱里省出来的。

有天下午蕊秋在浴室刷头发，忽道："我在想着啊，你在英国会是遇见个什么人。"

九莉笑道："我不会的。"

"人家都劝我，女孩子念书还不就是这么回事……"但是结了婚也还是要有自立的本领，宁可备而不用，等等。

九莉知道她已经替蕊秋打过一次嘴，学了那么些年的琴不学了。

"'她自己不要嚜！'"楚娣学着翠华的声口。

开纳公寓院子里的井,闲置在那里,犹如一个隐喻

"你已经十六岁了,可不能再改了,"楚娣说。

蕊秋总是说:"我们就吃亏在太晚。"

蕊秋沉默了一会,又夹了个英文字说:"我知道你二叔伤了你的心——"

九莉猝然把一张愤怒的脸掉过来对着她,就像她是个陌生人插嘴讲别人的家事,想道:"她又知道二叔伤了我的心!"又在心里叫喊着:"二叔怎么会伤我的心?我从来没爱过他。"

蕊秋立刻停住了,没往下说。九莉不知道这时候还在托五爷去疏通,要让她回去。蕊秋当然以为她是知道了生气,所以没劝她回去。

考上了,护照也办好了,还是不能走。

"再等等看吧,都说就要打起来了。"蕊秋说。

九莉从来不提这事,不过心里急。

是周末,楚娣在家里没事,忽然笑道:"想吃包子。自己来包。"

九莉笑道:"没有馅子。"

"有芝麻酱。"她一面和面,又轻声笑道:"我也没做过。"

蒸笼冒水蒸气,熏昏了眼镜,摘下来揩拭,九莉见她眼皮上有一道曲折的白痕,问是什么。

"是你二叔打的。那时候我已经跟他闹翻了不理他,你给关起来了,只好去一趟,一看见我就跳起来抡着烟枪打。"

九莉也听见说过,没留心。

"到医院去缝了三针。倒也没人注意。"但是显然她并不因此高兴。(张爱玲:《小团圆》,第119页、第120—121页、第128页、第129页)

芝麻酱包子蒸出来,没有发面,皮子有点像皮革。姑姑说还不错,张爱玲也说这馅子好,一面吃着,忽然流下泪来。姑姑也没看见。

这件事,张爱玲不忍想起,又偏要想起。她将这个细节重复了两遍。一遍在《谈吃喝画饼充饥》里,一遍在《小团圆》里。

母亲的美国男友,也住在开纳公寓。因了张爱玲的出现,给母亲的经济和感情带来了诸多不便。而张爱玲坚硬的个性,亦是伤害着母亲对张爱玲的温情。张爱玲受母亲的好,却和母亲隔膜着。母亲曾怀疑自己对女儿的牺牲是否值得。

叛逆年龄无限延长的张爱玲，自己也怀疑着自己。常常一个人在公寓的屋顶阳台上踱步，一袭旧袍子，在青天之下，在自夸和自卑里受着煎熬。

过了一阵子，张爱玲的弟弟也来了，揣着一个报纸包，里面一双篮球鞋。他也想和母亲住在一起。母亲说："不可以，我的钱，供你姐姐生活读书已经很紧张，按照法院判决，你父亲应该要负担你的。"

弟弟听话，夹着篮球鞋转身离去。

张爱玲看着弟弟走，那样一个细细的脊梁，不觉心中凄楚，眼眶盈盈一把泪，强忍着，不让落下来。

那日去开纳公寓拍照，前前后后遇见了几个住户，都是好身段，且都操着张爱玲家族贯有的京白，拒人千里之外的神情。

张爱玲的母亲和张爱玲舅舅是一对孪生子，感情很好，姐姐住开纳公寓，弟弟一家便在对面的明月新村安营扎寨。

舅舅对张爱玲也另眼相看，沏一壶茉莉花茶，点一支雪茄，枝枝蔓蔓，细说从头。家族历史的过往，如同书桌上散淡的文房四宝，一径敞开着。日后，张爱玲的笔，将这些尘缘里的奇异人事，<u>丝丝缕缕</u>地写出来，比如《花凋》，以舅舅家为剖析的模板，端的，人性的不堪换成了

张爱玲母亲和张爱玲的舅舅感情甚好,姐姐住开纳公寓,弟弟住对面的明月新村

白纸黑字。舅舅不高兴了,然则也仅限于不高兴而已。

九莉跟个表姐坐在一张沙发上,那表姐便告诉她:"表弟那次来说想找事,别处替他想办法又不凑巧,末了还是在自己行里。找的这事马马虎虎,不过现在调到杭州去待遇好多了。表弟倒好,也没别的嗜好,就是吃个小馆子……"末句拖得很长,仿佛不决定要不要讲下去。再讲下去,大概就是劝他积两个钱,给他介绍女朋友结婚的话了,似乎不宜与他声名狼藉的姐姐讨论。

当然九莉也听见说她表姐替九林介绍职业,九林自己也提过一声。表姐也是因为表姐夫是蕊秋介绍的,自然应当帮忙。告诉九莉,也是说她没良心,舅舅家不记恨,还提拔她弟弟。一来也更对照她自己做姐姐的凉薄。(张爱玲:《小团圆》,第245页)

张爱玲说:"在上海我跟我母亲住的一个时期,每天到对街舅舅家去吃饭,带一碗菜去。苋菜上市的季节,我总是捧一碗乌油油紫红夹墨绿丝的苋菜,里面一颗颗肥白的蒜瓣染成浅粉红。在天光下过街,像捧着一盆常见的不知名的西洋盆栽,小粉红花,斑斑点点暗红苔绿相同的锯齿边大尖叶子,朱翠离披,不过这花不香,没有热乎乎的苋菜香。"(张爱玲:《对照记》,北京十月文艺出版社2007年版,第207页)

一碗寻常的苋菜,写得如苏绣一般细致,可见那一段日子是蚀骨的。张爱玲的句子可以兀自燃烧,撩得我每每吃起苋菜,便要想起张爱玲的那一碗紫红夹墨绿。

再说住在对面的舅舅。

张爱玲舅舅住的明月新村是新式里弄房子,建造于1937年,用业主女儿的名字命名。三层的混合结构,一共十六幢。每幢房子都带一个玲珑的小天井,两只莲花缸,一把竹藤摇椅。樟树是没有耐心养的,沿墙根植几株夹竹桃或者是玉兰,到了开花的季节,粉白粉红,出落在墙头,煞是妩媚。

推开院门,几节台阶上去,一个宽敞的客厅,钢琴是一定要有的。维护仔细的人家,打蜡地板浮泛出岁月的光泽。弄堂里最老的住户是1950年代初从棚户区搬来的。他们只听说,当年,这里的业主都去了香港或者国外。政府接管了房子,工农兵当家做主,换了人间。

出名要趁早

1941年,太平洋战争爆发,香港沦陷。不久张爱玲回到上海。

这一年,母亲的男朋友死在新加坡的战火里。

张爱玲想在圣约翰大学读完本科,拿到文凭。

1879年,美国教会在上海创立了圣约翰大学,分文、理、医、神四个学院。毕业生享有美国同等学历待遇。该校以严格教育著称,被誉为中国的"哈佛或剑桥"。

圣约翰大学在圣玛利亚女校附近,一边靠在苏州河边上,一边毗邻兆风公园(今中山公园),环境优雅古朴。走读的学生,骑了自行车,穿过英国风格的兆风公园,从后门进入学校。下了课,男生们在公园的河里捞鱼、捉蝌蚪。

2000年春天,定居美国的学者董鼎山来上海,我们先在瑞金宾馆享用大饼油条豆浆,然后去绍兴路上漫步。董老说:"圣约翰大学的美丽校园和时髦女生是出名的——早晨公园无人,偌大的园内就是一长条穿着入时、推着自行车的学生,充满骚动的荷尔蒙,很有青年人的生气。那是我记忆中每天最愉快的一段时间。当然,公园的僻静树丛也成为男女学生谈情说爱的处所——1979年中美复交后,初期几位外交使节不是燕京毕业生便是圣约翰大学毕业生。"

翻阅圣约翰大学的名册,可以看见许多熟悉的名字:刘鸿生、颜惠庆、顾维钧、宋子文、牛惠生、牛惠林、邹韬奋、林语堂等。

一般人读不起圣约翰大学,因为贵。张爱玲亦不好意思向姑姑要钱。

弟弟张子静出面,安排张爱玲同父亲见面。

这是父女二人在那次亲情战争以后的第一次见面。

张爱玲走在路上,因又想起被父亲拳打脚踢的旧事,曾经的伤口隐隐作痛,只是一步一步迟疑地走将过去。

那时,父亲已经搬出老宅子,住在靠近衡山路的一条弄堂里,情形看上去大不如从前。到得门前,二楼阳台凸

太平洋战争爆发后,张爱玲中断香港大学的学业返沪,进入圣约翰大学

出来的那一块,犹如一把遮阳伞,给出淡青色的阴影。张爱玲躲在下面,眼泪竟是要溢出来。

弟弟开了门,亲昵得不得了。张爱玲随了弟弟往里去,熟悉的味道,钻进她的肌肤——那是吸食鸦片的味道。

继母知道张爱玲来,自觉回避了。

张爱玲只坐了一会儿,说了说自己的状况就走了。

父亲给了学费,但终究是少。

秋天了。张爱玲去圣约翰大学。站在台阶上,一件鹅黄色缎子旗袍,下摆缀着长达四五寸的流苏。这样的服装颇具舞台意味。一些女同学互相打探:"谁啊?""插班生?""哪个系的?"

那是1942年,张爱玲因《中国人的生活与服装》已经小有名气。

不过,圣约翰大学的同学是没有眼福的。张爱玲读了几个月就辍学了。

弟弟劝她做教师,她说她不会。其实她早就看清了自己。她开始在公寓里做起了用文字换面包的营生。张爱玲在小说《花凋》里写出"女儿的大学文凭原是狂妄的奢侈品"这样的句子,真真的,是用肉做出来的。

圣约翰大学对于张爱玲是短暂的,"出名要趁早",她等不及了。

圣约翰大学隶属英美租界。每日黄昏,苏格兰士兵穿着花呢短裙,列了队,吹着风笛,从兆丰公园回到愚园路753号的军营去。风片雨丝,飘过来的风笛是租界文化里不可缺失的符号。张爱玲去国他乡,一再提到苏格兰的风笛和附近的面包店。

"离我学校不远,兆丰公园对过有一家俄国面包店老大昌(Tchakalian),各色小面包中有一种特别小些,半球型,上面略有点酥皮,下面底上嵌着一只半寸宽的十字托子,这十字大概面和得较硬,里面搀了点乳酪,微咸,与不大甜的面包同吃,微妙可口……

"六〇年间回香港,忽然在一条僻静的横街上看见一个招牌上赫然大书 Tchakalian,没有中文店名。我惊喜交集,走过去却见西晒的橱窗里空空如也……里面的玻璃柜台里也只有寥寥几只两头尖的面包与扁圆的俄国黑面包。店伙与从前的老大昌一样,都是本地华人。我买了一只俄国黑面包,至少是他们自己的东西,总错不了。回去发现陈得其硬如铁,像块大圆石头,切都切不动。"(张爱玲:《对照记》,第207页)

离开圣约翰大学,是一个选择,张爱玲命名了自己的身份——作家。

张爱玲一下子就红了出来。犹如春天的蔷薇,不是一点一点绽放的,是一夜之间,你醒了来,开了窗,但见院子里,一簇一簇的,已是灿烂。圣约翰的同学,与张爱玲认识的或者是不认识的,都十分愿意同这位女才子一起喝茶。那些家里比较体面的同学更是积极地张罗文艺家庭沙龙,把张爱玲尊为上客。著名学者夏志清便是在这样的场合里认识了张爱玲,日后成为知交。

1944年,沪江大学英语系的女生章珍英,在自家的客厅召开张爱玲茶话会。章珍英的家坐落在巨鹿路,一栋豪宅,隔壁分别是火柴大王刘吉生的爱神花园和永安公司总经理郭琳爽的豪宅。

人很多,都是上流社会的子弟,有天之骄子的意气。张爱玲坐在那里,神情安详,很少说话。有的问,并不一定有的答,即使回答,也必定是细声慢语。客厅那一头的人,再怎样努力,也是听不分明的。所以学长夏志清便把眼光挪到了别的女子身上,包括日后一直不能忘怀的沪江大学女生刘金川。刘金川的姐姐曾在美国选美中,获得第四名的业绩。在夏志清的审美里,刘金川是胜过姐姐几分的。张爱玲在美国与夏志清回忆这段岁月,曾揶揄夏志清眼界实在过高云云。而这位美人刘金川,亦把1944年的这个沙龙挂在心头。一些细节,一些人的表情,胶片一般,旧是旧了的,却清晰得不得了。

前些年,章珍英特地从美国来上海,重访昔日老宅,并委托律师申请恢复其对房子的所有权。只是历史作梗,无法如愿。近日听说,她已往生。

瞬间芳华

张爱玲说,公寓是最理想的逃世的地方。

据当年公共租界工部局统计,1934年,境内公共租界中里弄房屋平均月租为37.5元(法币),公寓、花园住宅房租更高,而同年各业职工月均收入仅14.08元。张爱玲与她的姑姑常年合租在爱丁顿公寓(现常德公寓)里,虽有被接济的委屈之感,但依了当时的生活指数,张爱玲写作的条件仍然算是奢侈的。苏青也羡慕她。

这是张爱玲和姑姑最中意的居所,即使搬家,也在同一栋公寓搬上搬下。1939年在51室,1942年以后在65室。

爱丁顿公寓虽经斑驳,依旧鹤立鸡群。一如张爱玲的衣服,不是什么华贵的料子,却自有一番惊艳在里面。

法国女作家波伏瓦曾经带着她的崇拜者去访问她出生

常德公寓,张爱玲在这里成名、恋爱、秘密结婚,亦在这里黯然离婚

的房子,尤其是看三楼的阳台。在《闺中淑女》中,波伏瓦写道:"我就坐在阳台上,我就坐在那里看大街上往来的行人。"

波伏瓦还带崇拜者去看她的中学,去看萨特《词语》一书中故事发生的房子。这栋房子是母亲离婚后,五岁的萨特居住的空间,他一直住到母亲再婚。那是他童年最重要的地方,就是在那里,萨特萌生了写作的念想。而花神和双偶咖啡馆更是萨特与波伏瓦产生思想与写作的主要场所。

爱丁顿公寓与张爱玲的关系,亦是如此。

在这里,张爱玲正式开始了公寓作家的生涯,完成了小说《倾城之恋》《沉香屑——第一炉香》《沉香屑——第二炉香》《金锁记》《封锁》《心经》《花凋》,与胡兰成秘密结婚以及离婚,以及遇见电影导演桑弧。

仅仅用了两年的时间,张爱玲瞬间芳华,令文坛措手不及。

"出名要趁早呀,来得太晚的话,快乐也不那么痛快。"(张爱玲:《传奇》再版序,1944年9月14日)

张爱玲尽情地消费着出名的快乐。

柯灵夫人陈国容在沪江大学读书的时候,拟请张爱玲来校参加文学沙龙。有同学是张爱玲继母的侄女，自告奋勇，七兜八转，终于把张爱玲请到学校。

陈国容用崇拜者的角度观察张爱玲：皮肤很白，瓷器的白，薄薄的一层，蓝色的微血管细细地隐匿在那里，纤弱而安静；她坐在那里，仿佛是不存在；衣服和人一点不相干；晚清的宽袖，大镶大滚的织锦，撞色的相拼，前卫先锋的时尚，问一句，答一句，语调悠长得如同古琴的泛音。

65室，在公寓的顶层。一把青铜女人细腰的钥匙，推开门，柚木细条地板走廊，内藏衣帽橱，意大利现代主义家具。胡兰成第一次造访，揿了门铃，无人应答，亦无从窥见内里的状况，便也只能在邮箱里留了纸条等候发落。

张爱玲和姑姑，有各自的卧房与盥洗室。中间依了阳台相接。可以生生相惜，亦可以老死不相往来。

客厅与厨房一壁之隔。餐桌底下，一个脚踏铜铃，铃一响，厨娘便从送餐窗口探出头，等待主人的吩咐。完全英国人的做派：下人不得进入主人的区域。

老作家周瘦鹃说：

"我便如约带了样本独自去那公寓，乘了电梯直上六层楼，由张女士招待到一间洁而精的小客厅，见了她的姑母,又指向两张照片中一位丰容盛鬋的太太给我介绍,说这是她的母亲,一向住在新加坡,前年十二月十八日以后,杳无消息,最近有人传言,说已到了印度去了。这一个茶会中,并无别客,只有她们姑侄俩和我一人,茶是牛酪红茶,点是甜咸具备的西点,十分精美,连茶杯和点碟也都是十分精美的。"(周瘦鹃:《写在"紫罗兰"前头》,上海《紫罗兰》1943年5月第2期)

为了写作的营生,有求于别人,各有各的求法。这样的下午茶,亲切而体面,典型的英国社交方式。显然是姑姑的主张,简约,雅致,不落身价。

九莉觉得不必了,但是楚娣似乎对汤孤鹜有点好奇,她不便反对,只得写了张便条去,他随即打电话来约定时间来吃茶点。

汤孤鹜大概还像他当年,瘦长,穿长袍,清瘦的脸,不过头秃了,戴着个薄黑壳子假发。

他当然意会到请客是要他捧场,他又并不激赏她的文字。因此大家都没多少话说。

九莉解释她母亲不在上海,便用下颔略指了指墙上挂的一张大照片,笑道:"这是我母亲。"

椭圆雕花金边镜框里,蕊秋头发已经烫了,但还是民初的前刘海,蓬蓬松松直罩到眉毛上。汤孤鹜注视了一下,显然印象很深。那是他的时代。

"哦,这是老太太。"他说。

九莉觉得请他来不但是多余的,地方也太逼仄,分明是个卧室,就这么一间房,又不大。一张小圆桌上挤满了茶具,三人几乎促膝围坐,不大像样。楚娣却毫不介意,她能屈能伸,看得开。(张爱玲:《小团圆》,第134页)

浴室是女人的另一个战场。

浴室的钥匙,隔了几十年,泛着苔绿,比如鹤的脖子,插在锁孔里,须得仔细转动,方可开启。

罗马进口地砖,四只脚的铁铸浴盆。热水早不提供了,但是水龙头还是一蓝一红,分出冷热。冬天里,点了煤球炉子,在午后的阳光里,差遣用人烧了热水倒在浴缸里。洗了自己,再去洗那120支纱的手帕。那个年代,洗脸盆前,流行鹅蛋形的梳妆镜。帕子是贴己的东西,不愿意拿给用人洗的。用香皂洗净了,一方一方地贴在白色的瓷砖上。干了,撕下来,平整服帖,前日里巴黎香水淡淡的绿痕，依旧若隐若现。

见过张爱玲穿晨衣的照片，像个衣架子，在屋子和浴室之间走来走去，玩弄出一点18世纪的颓唐。

好像曾经订立过契约，公寓里的人彼此是不交往的，即使隔壁天翻地覆，这边的人还是端坐在桌前吃着自己碗里的饭，连头也不愿意探一下。开电梯的人如同故事里的穿针引线者，这一家，那一家，加减乘除，他是最知道的了。

一日，上楼，欲寻张爱玲的阳台，又怕打搅了别人，站在楼梯的转弯处，正惶恐犹豫，电梯工人来了。我看着他面善，便说明了来意。正好没有客人，他就领了我去大街上，把张爱玲的阳台指给我看。

爱丁顿公寓的阳台有意大利托斯卡纳风格，利用大弧线处理了建筑的光线变化。张爱玲孤僻，不喜应酬，公寓的阳台是她与世界联系的最直接的方式，也是她演绎自己的舞台。她在阳台上看显赫的哈同花园的派对，看用人提了篮子买菜，看封锁，看电车进场，也谈情说爱。

上海，1908年就有电车了。

第一条有轨电车的起点站就在爱丁顿公寓附近的静安寺路（今南京西路）上。

张爱玲热爱市井,将电车轨道比喻成两条光荧荧的、水里钻出来的曲蟮,抽长了,又缩短了。

张爱玲与窗外的全上海即是这样的相望相识,仿佛唤一声都会来到房里似的。野眼望够了,张爱玲回转身来,和姑姑说闲话。闲话里,姑姑常会说出经典的句子。比如一次她这样说:"我简直一天到晚发出冲淡之气来。"

有的时候,听见卖臭豆腐的人在隔壁弄堂叫卖,张爱玲也会急急地提上鞋子,乘了咯咯吱吱的电梯下来,去买臭豆腐。臭豆腐是用稻草绳穿着的,要蘸了辣酱才好吃。辣酱越多越好,因为那是免费提供的。这样的细节,张爱玲曾经写在了她的小说《十八春》和《封锁》里。

张爱玲姑夫李开第回忆说,我常去那里看她们。一次,我在公寓门口遇到爱玲,我说,怎么了?爱玲说,姑姑叫我给你去买臭豆腐。那个时候,张爱玲已经蛮红了。

"她走了之后,我一个人在黄昏的阳台上,骤然看到远处的一个高楼,边缘上附着一大块胭脂红,还当是玻璃窗上落日的反光。再一看,却是元宵的月亮,红红地生起来了。我想道:'这是乱世。'晚烟里,上海的边疆微微起伏,虽没有山也像是有层峦叠嶂。我想起许多人的命运,连我在内的,有一种郁郁苍苍的身世之感。'身世之感'

普通总是自伤、自怜的意思罢，但我想是可以有更广大的解释的。将来的平安，来到的时候已经不是我们的了，我们只能各人就近求得自己的平安。"（张爱玲：《我看苏青》）

阳台，又是张爱玲存在主义的鸡尾酒。

那天晚上，我从商城剧院听了音乐会出来，突然想去张爱玲家顶层阳台看看。绕过永安公司老板郭琳爽老宅的围墙，到铜仁路，围墙断处，便是愚园东路了。愚园东路短，只几步路，爱丁顿公寓便在眼前了。

天热，远远地，看见开电梯的工人穿一件汗衫，在公寓前的花坛边纳凉。

公寓楼道的灯很勉强地悬在那里，乳黄色的地砖给出一抹安慰的色泽。每一层楼道里，英国红的消防栓和船舱式样的火警箱子，不离不弃地固守在楼梯口。我找到51室。张爱玲、母亲、姑姑，曾经在这个单元居住。1942年，迁居到65室。这一层的灯很是敞亮，好像是一个提示。

六楼黑寂得耐人寻味。我在门前站立，用最戏剧的方式揣测，当年胡兰成递了片子进去，求见张爱玲的情形。想不下去了，继续往上走。楼梯陡了起来，也没有乳黄色的地砖了,摸索地到了顶层。阳台的门是锁了的,湿热的空气里,摸到一把铁的挂锁。不上去也罢。这样的夜,一个人站在楼顶上,怕撞见前世的魂。这样想着,先就惊悚了起来,慌乱地下楼,直觉得楼梯太长,总也走不完似的。

隔了些日子,又去。节约的人家开了房门纳凉。两个女人坐在打蜡地板的客厅里说话,一个手上摇着扇子。另一家的一位老先生坐在吃饭间里看报纸,还有一家的小孩子在弹琴,母亲在一旁替她唱谱。我这样地看着,竟是走不开去了——张爱玲的世界一式一样地回了来。

"然而一年一度,日常生活的秘密总得公布一下。夏天家家户户都大敞着门,搬一把藤椅坐在风口里。这边的人在打电话,对过一家的仆欧一面熨衣裳,一面便将电话上的对白译成了德语说给他的小主人听。楼底下有个俄国人在那里响亮地教日文。二楼的那位女太太和贝多芬有着不共戴天的仇恨,一捶十八敲,咬牙切齿打了他一个上午;钢琴上倚着一辆脚踏车。不知道哪一家在煨牛肉汤,又哪一家泡了焦三仙。"(张爱玲:《公寓生活记趣》,上海《天地》1943年12月第3期)

又一日的下午,径直到了顶层的阳台。从这方阳台望出去,右前方的哈同花园,只剩下一点点边缘。隔壁马路,古旧厚实的围墙内,原先是地产大王程霖生的产业。

阳台后侧有一间不大的水泥房间,是四十年前的法式玻璃,大约以前是给公寓管理人员住的。轻触生锈的手把,门开了,一张旧床兀自在那里。

张爱玲在这方阳台拍了许多照片。和姑姑,和炎樱。这个阳台上的一些细节,后来被挪用在了小说《心经》里,照片进入了《对照记》。

深夜,电车进了厂,楼里的小孩子睡了,张爱玲坐在窗下,百乐门舞厅的音乐传过来,一个女人尖细的喉咙唱道:"蔷薇蔷薇处处开!"

这是1942年陈歌辛写的曲子,原唱龚秋霞。

"偌大的上海,没有几家人家点着灯,更显得夜的空旷。我房间里倒还没有熄灯,一长排窗户,拉上了暗蓝的旧丝绒帘子,像文艺滥调里的'沉沉夜幕'……在这样凶残的、大而破的夜晚,给它到处开起蔷薇来,是不能想象的事,然而这女人还是细声细气很乐观的说是开着的。即使不过是绸绢的蔷薇,缀在帐顶、灯罩、帽檐、袖口、鞋尖、阳伞上,那幼小的圆满也有它的可爱可亲。"(张爱玲:《谈音乐》,上海《苦竹》1944年11月第1期)

张爱玲的一生都是委屈的。

她书里的人物也是委屈的。

葛薇龙,一个清清白白的女学生半推半就,走到了上流社会交际花的位置上。即使没有乔琪,也会有另一个男人被她拿来做借口,只因为她早已脱不了这种生活了。

又如白流苏。初次邂逅范柳原,是她长期压抑下反抗的开始。"一个女人,再好些,得不着异性的爱,也就得不着同性的尊重。"流苏心里是明白的,所以能够在有声无声的漫骂中若无其事地微笑。她爱他吗?他也爱她吗?她不过是为着寻一个归宿,而他不过是一时随性的动情。如此自私的两个男女的较量,模糊的情爱却因了战争得到善终。

结婚以后,范柳原不再对白流苏说情话了,拿去对别的女人说了。

宿命中,一个小小的圆满,却是用无限的凄凉来做底子的。《小团圆》里的九莉,现实中的张爱玲,无不如斯。

胡兰成来,天天来,坐到晚饭时间。张爱玲不敢留饭,因为与姑姑一起过,实行 AA 制。

九莉从来不留人吃饭，因为要她三姑做菜。但是一坐坐到七八点钟，不留吃晚饭，也成了一件窘事。再加上对楚娣的窘，两下夹攻实在受不了，她想秘密出门旅行一次，打破这恶性循环。但是她有个老同学到常州去做女教员，在火车站上似乎被日本兵打了个嘴巴子——她始终没说出口来。总是现在不是旅行的时候，而且也没这闲钱。

他又回南京去了。初夏再来上海的时候，拎着个箱子到她这里来，她以为是从车站直接来的。大概信上不便说，他来了才告诉她他要到华中去办报，然后笑着把那只廉价的中号布纹合板手提箱拖了过来，放平了打开箱盖，一箱子钞票。她知道一定来自他办报的经费，也不看，一笑便关了箱盖，拖开立在室隅。

她连港币都还不习惯，连换几个币制，加上通货膨胀，她对币值完全没数，但是也知道尽管通货膨胀，这是一大笔钱。

她把箱子拎去给楚娣看，笑道："邵之雍拿来给我还二婶的钱。"其实他并没有这样说。但是她这时候也没想到。

楚娣笑道："他倒是会弄钱。"

九莉这才觉得有了借口,不用感到窘了,也可以留他吃饭了。(张爱玲:《小团圆》,第145页、第161页)

2009年2月25日,坐在上海瑞士酒店七楼的客房里。

这家酒店位置,原先是常德公寓嵌入式花园的一部分。

从窗外看去,正是张爱玲的厨房。

面前的桌上,放着两本书,一本是张爱玲的《小团圆》,一本是胡兰成的《今生今世》。

夏天,胡兰成与张爱玲同在这里看日本的版画、浮世绘,朝鲜的瓷器以及古印度的壁画集。胡兰成一直都是看张爱玲的脸色,听她说哪个好,即使只是片言只语,也牢记在心里。下一次来时他如同学生一样背出来给张爱玲。这样的巴结,让张爱玲十分受用。

傍晚,两人在阳台上眺望红尘霭霭的上海,西边天上余晖未尽,胡兰成说:"时局不好,来日大难。"

张爱玲听了很震动。

回到房子里,一抹斜阳,把墙壁画成方格,两个人像金箔银纸剪贴,如梦如幻。

有兴致时,胡兰成亦随了张爱玲去静安寺街上买小菜,到清冷冷的洋式食品店里挑选牛肉、鸡蛋和咖啡。如同张爱玲《倾城之恋》里的男女,漂亮机警,惯会风里言、风里语,面带几分玩世不恭,背地里却有着对人生的执着。

一日,午后好天气,两人去附近马路上信步。张爱玲穿一件桃红单旗袍,胡兰成说好看,她道:"桃红的颜色闻得见香气。"

胡兰成爱看张爱玲穿绣花鞋子,鞋头连鞋帮绣着龙凤——静安寺庙会买的。穿在脚上,比如清朝年间宫廷里的小女子。胡兰成每从南京回来,张爱玲总穿绣鞋在房里踱步,因她知胡兰成喜欢。

张爱玲亦在自己的小说里铺排过多次绣花鞋的情节。

因为要回避姑姑,他们经常去阳台。

世俗世界,饮食男女。

他说:"到阳台上去好不好?"

这阳台不小,但是方方正正的,又什么家具都没有,粗重的阔条水泥栏杆筑得很高,整个几何式。灯

火管制的城市没什么夜景,黑暗的阳台上就是头上一片天,空洞的紫黝黝微带铁锈气的天上,高悬着大半个白月亮,裹着一团清光。

"'明明如月,何时可掇?'在这里了!"他作势一把捉住她,两人都笑了。他忘了手指上夹着香烟,发现他烫了她的手臂一下,轻声笑着叫了声哎哟。

他吻她,她像蜡烛上的火苗,一阵风吹着往后一飘,倒折过去。但是那热风也是烛焰,热烘烘的贴上来。

"是真的吗?"她说。

"是真的,两个人都是真的。"

他又差不多天天来。这一天下午秀男来找他,九莉招呼过了马上走开了,让他们说话。等她泡了茶来,秀男没吃就走了。他们在最高的这层楼上站在阳台上看她出来,她在街上还又别过身来微笑挥手。

"她说'你们像在天上'。"次日他告诉九莉。

"因为她爱他,"九莉心里想,有点凄然。

那天之雍大概晚上有宴会,来得很早,下午两点钟就说:"睡一会好不好?"一睡一两个钟头,她屡次诧笑道:"怎么还不完?"又道:"哎,哎,又要疼起来了。"

起床像看了早场电影出来,满街大太阳,剩下的大半天不知道怎样打发,使人忽忽若失。

之雍也许也有这感觉,问她有没有笔砚,道:"去买张婚书来好不好?"

她不喜欢这些秘密举行结婚仪式的事,觉得是自骗自。但是比比带她到四马路绣货店去买绒花,看见橱窗里有大红龙凤婚书,非常喜欢那条街的气氛,便独自出去了。乘电车到四马路,拣装裱与金色图案最古色古香的买了一张,这张最大。

之雍见了道:"怎么只有一张?"

九莉怔了怔道:"我不知道婚书有两张。"

她根本没想到婚书需要"各执一份"。那店员也没说。她不敢想他该作何感想——当然认为是非正式结合,写给女方作凭据的。旧式生意人厚道,也不去点穿她。剩下来那张不知道怎么办。

路远,也不能再去买,她已经累极了。

之雍一笑,只得磨墨提笔写道:"邵之雍盛九莉签定终身,结为夫妇。岁月静好,现世安稳。"因道:"我因为你不喜欢琴,所以不能用'琴瑟静好'。"又笑道:"这里只好我的名字在你前面。"

两人签了字。只有一张,只好由她收了起来,太大,没处可搁,卷起来又没有丝带可系,只能压箱底,也从来没给人看过。(张爱玲:《小团圆》,第162页、第219—220页)

1944年8月,他们结婚了。乱世佳人。

十分节俭的一个仪式。在场一共四个人:张爱玲、胡兰成、炎樱、胡兰成的侄女胡青芸。

传统的仪式。

红色的馒头上插了香。

张爱玲和胡兰成拜天地。

青芸觉得好笑,胡兰成用手指点她的额头,嗔道:"乖一点。"

有一天,张爱玲也如供奉在案几上的人血馒头,成为这段感情的祭品,成为一个在断头台旁编织命签的新娘。

换了帖子后,说出去吃饭,青芸没有去,因为年纪小,也因为要回美丽园照顾胡兰成的妻小。张爱玲的姑姑缺席,故意缺席。

亲戚那里曾经有传言,说跟了姑姑都独身了。张爱玲结婚,姑姑松了一口气,因为脱了干系。

1944年5月8日,巴金和萧珊,在贵阳郊外的"花溪小憩"举行了婚礼,当晚,在镇上的小饭馆,点了清炖鸡和几样小菜。饭后,散步回到旅馆,在一盏油灯下,讨论未来。

1944年5月,傅雷在《万象》杂志著文,称张爱玲的小说《金锁记》为"文坛最美的收获之一"。

这一年的秋天,巴金在重庆防空警报解除以后,开始创作小说《寒夜》。

时隔一年,日本无条件投降,胡兰成改头换面躲匿。

1946年的岁末,巴金完成了《寒夜》,小说的结尾是:男主人公断气时,街头锣鼓喧天,人们正在庆祝胜利,用花炮烧龙灯。

1946年11月,东躲西藏的胡兰成悄悄回到上海,先住在虹口一个朋友家。

但那不是久留之地。侄女青芸说,要么送你去张爱玲那里。胡兰成说好。于是换了衣服,略作乔装,来到爱丁顿公寓。事先没有招呼过。

胡兰成说,我一生喜欢两样东西,一个女人,一个坏人。

张爱玲与胡兰成结缘,周围的人都诧异。年龄相差悬殊,又是汪伪政府里的要员,有点民族意识的人躲还躲不及呢。抗战期间,永安公司的老板郭琳爽一度把公司注册为美商公司,沪江大学校长刘湛秋不愿向汪伪政权注册登记而遭暗杀,张爱玲的父亲曾在日本人的一个公司里奉职,为了脱尽干系,也辞了职。张爱玲与胡兰成结婚,深究,亦如同当年李鸿章把二十三岁的爱女李菊耦许配给四十一岁的张佩纶做填房——家世显赫,无人敢高攀;又,那年张爱玲也二十三岁,亦有深闺杜丽娘的思春。

胡兰成来自社会底层,鲤鱼翻身,成就出一种世故,又天资不俗,老辣圆滑里孵化出几分儒雅,与张爱玲世界里贵族子弟的跋扈、无聊、精神困顿、总也长不大的精神尸骸全然不同。张爱玲有了依靠的感觉、崇拜的感觉。《小团圆》里,写九莉跪下来,抱住之雍的双腿说:"我崇拜你。"

阴性对阳性、父性的依恋。

沦陷的上海,有的革命,有的醉生梦死,充满了世纪末的荒凉和疯狂。许是没有了明天,便不肯放过今天了。张爱玲与胡兰成只见了一面,便无可救药地爱上,像《倾城之恋》的一双男女,千百人的死,千百人的痛苦,只为了成全她和他。

在美国,张爱玲与赖雅结合。赖雅比张爱玲大了二十九岁,是左派。赖雅政治上与张爱玲毫不相干。张爱玲闪电般爱上他,一清早,口袋里揣了美元,坐了火车去小镇上见他。这大约是天意,有些人把衣服磨破了也擦不出火花来的。

张爱玲走的时候,给赖雅留了三百美元。

在政治上,张爱玲是一个彻底的无政府主义者。在钱财上,张爱玲一向奉行英国贵族原则,不借钱给人,也不问别人借钱,即使好朋友间的一杯咖啡,也是各付各的。一次送炎樱回家,她便向炎樱要了回家的那一程车钱。她给赖雅三百美元,于她是一笔很大的数字了。她还是给的,可见是真的爱,也可见她的决断。那天早上,她坐在火车上,潜意识里是有一种投奔父亲怀抱的热切吧。那时,她已经怀上了赖雅的孩子。赖雅是谨慎的,他要女人,要好的食物,但是不要孩子。张爱玲不疑,肯听他的话,去做人工流产。以后,为了替赖雅筹措医药费,张爱玲去香港写剧本,写到眼底小血管爆裂。她拿到了母亲的遗产,不断地贴补两人的生活。

赖雅在文学上虽然不再有光彩,但终究是给过张爱玲身份和暖意的。

《麦田守望者》作者塞林格的情人梅纳德，认识塞林格的时候十九岁，塞林格大她三十五岁，后来她被塞林格赶出去。之后的故事是一个被抛弃的女人如何重新建立自己的精神支点和生活秩序，用身体换来了书写的新的权利，并且成名。

电影《广岛之恋》，法国沦陷区的一个女孩子，爱上了德国占领军的一位年轻军人。

法国光复，德军战士被打死，法国女孩子被自己的同胞剃了光头游街，百般凌辱。

而当张爱玲最终明白人性的深渊和忍受的底线之时，已经是覆水难收了。

1994年，距离张爱玲离世只剩了一年。这一年，张爱玲出版了《对照记》。

乔伊斯说："流亡，就是我的美学。"张爱玲敢说："文学，是我的流亡。"

随着岁月的增长，梦幻在慢慢地变得具体，最后变成了面包和居所。曾见过的生命，都只是行走，无所谓完成。已经没有力量修改自传体小说《小团圆》了。没有必要去厘清了。

其实，越清楚，越痛苦。

《对照记》里，除了文字，汇集了张爱玲及亲人的相片，但不见胡兰成和赖雅的踪影。长的人生里，起初的不经意，起初的热闹和繁荣，却也是可以略去的，且彻底得没有一点子碎屑。张爱玲不愿意便宜了胡兰成是可以理解的，但是与赖雅的十年呢？

张爱玲与赖雅的十年，在《小团圆》里，只看到这样恐怖的一段：

> 都已经四个月了。她在小说上看见说三个月已经不能打了，危险。好容易找到的这人倒居然肯。
>
> 怀孕期间乳房较饱满，在浴缸里一躺下来也还是平了下来。就像已经是个苍白失血的女尸，在水中载沉载浮。
>
> 女人总是要把命拼上去的。
>
> 原来是用药线。《歌浦潮》里也是"老娘的药线"，身死异域，而死在民初上海收生婆的药线上，时空远近的交叠，太滑稽突兀了。
>
> "万一打不下来怎么办？"她着急的问。
>
> "你宁愿我割切你？"他说。

她不作声。一向只听见说"刮子宫",总以为是极小的手术。听他说得像大切八块一样,也觉得恫吓,但是这些事她实在模糊。

他临走她又说:"我就是怕打不下来,不上不下卡在那里。四个月了。"

"不会的,"但是显然也在心里忖度了一下。"反正你不放心可以打电话。"

他给了个电话号码,事后有什么问题可以跟一个玛霞通电话,她在一家最大的百货公司做事。九莉想着玛霞不见得是真名字,也不见得是在家里等电话。

他走了。

没一会,汝狄回来了,去开碗橱把一只劈柴斧放还原处。这里有个壁炉,冬天有暖气,生火纯为情调。

她也不相见恨晚。他老了,但是早几年未见得会喜欢她,更不会长久。

"我向来是 hit and run(闯了祸就跑了)。"他说。

她可以感觉到腿上拖着根线头,像炸弹的导线一样。几个钟头后还没发作,给玛霞打了个电话,这女店员听上去是个三十来岁胖胖的犹太裔女人,显然就管安慰,"握着她的手"。她也没再打去。

晚饭他到对过烤鸡店买了一只,她正肚子疼得翻江搅海,还让她吃,自己吃得津津有味。她不免有点反感,但是难道要他握着她的手?

夜间她在浴室灯下看见抽水马桶里的男胎。在她惊恐的眼睛里足有十吋长,毕直的欹立在白磁壁上与水中,肌肉上抹上一层淡淡的血水,成为新刨的木头的淡橙色。凹处凝聚的鲜血勾划出它的轮廓来,线条分明,一双环眼大得不合比例,双睛突出,抿着翅膀,是从前站在门头上的木雕的鸟。

恐怖到极点的一刹那间,她扳动机钮。以为冲不下去,竟在波涛汹涌中消失了。(张爱玲:《小团圆》,第155—157页)

张爱玲一直在寻找父爱的替代品,但情人或者丈夫永远不可能异化成父亲。

胡兰成遇见张爱玲之前或者之后,他的女人都是平民百姓,生活在社会的底层。张爱玲的出现,成为胡兰成生命中的一道盛宴。他洋洋自得,沾沾自喜,意气风发,故意安排张爱玲与他的儿子、他的妾相遇。当他的妾对张爱玲怒目相对时,胡兰成以男性的霸主说,一家人都在这里了。

张爱玲真可怜!

在胡兰成之后,她遇见电影导演桑弧。年轻的桑弧唇红齿白,英俊小生状,曾在话剧《雷雨》里出演周冲:

> 她又停经两个月,这次以为有孕——偏赶在这时候!——没办法,只得告诉燕山。
>
> 燕山强笑低声道:"那也没有什么,就宣布……"
>
> 她往前看着,前途十分黯淡,因又流泪道:"我觉得我们这样开头太凄惨了。"
>
> "这也没有什么。"他又说。
>
> 但是他介绍了一个产科医生给她检验,是个女医生,广东人。验出来没有孕,但是子宫颈折断过。
>
> 想必总是与之雍有关,因为后来也没再疼过。但是她听着不过怔了一怔,竟一句话都没问。一来这矮小的女医生板着一张焦黄的小长脸,一副"广东人硬绷绷"的神气。也是因为她自己对这些事有一种禁忌,觉得性与生殖与最原始的远祖之间一脉相传,是在生命的核心里的一种神秘与恐怖。

燕山次日来听信，她本来想只告诉他是一场虚惊，不提什么子宫颈折断的话，但是他认识那医生，迟早会听见她说，只得说了，心里想使他觉得她不但是败柳残花，还给蹂躏得成了残废。

他听了脸上毫无表情。当然了，幸免的喜悦也不能露出来。（张爱玲：《小团圆》，第278页）

张爱玲的自尊被打碎，落在地上，捡都捡不起来，更无处述说。

《小团圆》里，张爱玲不怜悯别人，亦不怜悯自己，她终于清算，之前，还有之后。

尘埃里开出花来

1943年的一个午后,张爱玲第一次来这里,瘦长的身材,眉梢高吊,微风落叶的声音。

故事是这样开始的。

一日,胡兰成在南京无事,书报杂志亦不大看。这一天却有个冯和仪寄了《天地》月刊来,胡兰成觉得和仪的名字好,就在院子里搬过一把藤椅,懒懒地看书。先看发刊词,原来冯和仪又叫苏青,女子下笔这样大方利落,倒是难为她。翻到一篇《封锁》,作者张爱玲,胡兰成才看了一二节,不觉身体坐直起来,细细地把它读了一遍又读一遍。觉得甚是玄妙,即刻写信问苏青,张爱玲何许人也?

苏青回信只答是女子。及《天地》第二期寄到,又有张爱玲的一篇文章,这就是真的了。这期还登了她的照片。

胡兰成又向苏青问起张爱玲,她说张爱玲不见人的。问她要张爱玲的地址,她亦迟疑了一会儿才写给胡兰成:"静安寺路赫德路口(常德路)一九五号公寓六楼六五室。"

翌日去看张爱玲,果然不见,只从门洞里递进去一张字条。

又隔得一日,午饭后张爱玲却来了电话,说来访问胡兰成。

这次晤面,改写了张爱玲的历史,她永远无法回到岸上了。

静安公园原是公共租界工部局辟建的公墓,俗称外国坟山。张爱玲去胡兰成的家,必得经过这里。中国人讲鬼故事,除了狐仙,就是坟墓里跑出来的鬼魂了。小的时候,大人为了不让小孩子晚上出去,就拿鬼故事来吓人。所以,在一般中国人那里,对坟地一带是避讳的。凡是盖在坟地上面的楼盘,一定要改了地名,人们才迟迟疑疑地去买。买下来了,也要红纸炮仗,噼里啪啦,驱鬼避邪的。张爱玲在圣约翰的校友说,她每次经过静安寺坟场,《聊斋》的故事,便如同七八个话匣子一齐打开着,脚底自觉抹了黄油。

张爱玲去胡兰成那里,有别一样的心思。她很刻意,穿得惊世骇俗、妖形怪状,卡腰的长袄,滚了玫瑰红的宽边,虚飘飘垂下来的窄窄的裤腿,藏在大衣的里面。她的嘴,坚定、细致、严肃。因为一点不轻佻,不苟言笑,最后,却连时髦都不是;又因了像铅笔一般的瘦削,看上去不大像女人而像一缕诗魂。一个聪明绝顶的女子,却又是无法在生活的尘埃里呼吸的人。

胡兰成一见张爱玲的人,只觉与自己先前所想的全不对,与人世里见过的女子也一些不相干。她坐在那里,幼稚可怜相,待说她是个女学生,又连女学生的成熟亦没有。身体与衣裳彼此叛逆。她脸上的那种正经样子,是小女孩放学回家,路上一人独行,肚里在想什么心事,遇见同学叫她,她亦不理的。总之,张爱玲的那种姿态,胡兰成一时束手无策。

胡兰成向她批评今时流行作品,又说她的文章好在哪里,还讲自己在南京的事情,而且问她每月写稿的收入,她都很老实地回答。

客厅里,张爱玲只管听胡兰成说,倏忽五个小时,仿佛回到从前在自家的书房里,父亲给张爱玲说《红楼梦》。

父亲和胡兰成,两个影像叠合在一起。

胡兰成送她到弄堂口,两人并肩走,胡兰成说:"你的身材这样高,这怎么可以?"只这一声就把两人说得这样近,张爱玲很诧异,但是觉得真的非常好。

这是美丽园的前传。

美丽园里,楼上住着生病的妻子全慧文,楼下是舞女出身的小妾英娣,四个儿子,侄女青芸,还有乡下的亲戚。

胡兰成对张爱玲家族历史饶有兴致。

张爱玲告诉胡兰成,她的祖母与祖父是在南京结婚的。姑姑留恋那个院子,说早春,祖母扶了丫鬟的肩头,到院子里看玉兰花开。

转天,胡兰成去南京,特地踏访张爱玲家族的老房子"小姐楼"。

美丽园,红砖三层,混合结构,英式风格的花园洋房,独门独户独院,玲珑的阳台,八角形的大窗子,玉兰树过了楼顶,又繁茂开来,垂挂在窗前,好像等着千年的情人,固执地不走。

当年的胡兰成,住在美丽园28号楼。按了门铃,一

胡兰成与妻子全慧文（胡兰成之子胡纪元授权）

位中年女子来应门。显然是刚吃罢了饭，餐具堆积在一起，还没有来得及撤去。女主人说，她们家是目前这条弄堂里最老的住户了。1948年搬进来，没有离开过。

抗战胜利后的1947年，国民政府的行政院制定《加速出卖敌伪产业办法》，延安西路的美丽园属于"加速出售"之列。由于国民政府忙于内战，国内局势不稳，购买敌伪产业的人是得着一些便宜的。想来，这家人家的房子也就是那种景象下的一笔交易了。

1945年8月，胡兰成开始在江浙一带匿名逃亡。即便是老住户，对胡兰成和张爱玲的事亦一无所知。

谢过女主人，转回到弄堂，院子里浓密的树叶缠绵地披挂在墙的肩头，有一份依恋在里面。玉兰树也许是看见过张爱玲在这条弄堂里进出过的，可惜它们的语言无解。

美丽园和上海戏剧学院只隔一道墙，想起戏曲课上老师讲的一个桥段：

春天的下午。只有微微的风，阳光艳丽，柴门前垂柳的枝条轻轻地回荡，飘啊飘。女孩子搬出一张椅子，坐下来，拿起没有绣完的鞋子。这样的鞋子已经绣了不止一只了。她挑了一根丝线，比比颜色，摇头，又换了一根。即使如此，她还是没有放过这条街上的任何动静。

美丽园,胡兰成在上海的家

街上当然应该有人走过的。

一个年轻的男子走了过来。他开始只是在街头露了一下脸，觉得不对，要折回去的，可是，他被低头做针线的那个女孩子吸引了。他踯躅，又在女孩子偶然抬头时碰上了她的眼神。就是这一眼，使他最后改变了主意，终于慢慢地向她那里踱过去。

有一搭没一搭地说着话，尴尬的时候，看了看天，道：呀，不早了，要做事情去了。

男的走了。

女孩子继续做她的针线。只是人坐在花架前，心是飞远了的。本意要绣一个鞋面子的，绣着绣着，凤还是那只凤，应该是委婉地往里翻飞的凤头却转到了外面去了。

胡兰成送张爱玲到弄堂口。张爱玲的情感已被搅动。她总是发动得太快，这实在是超出了胡兰成的人生期待。

> 次日他一早动身，那天晚上忽然说："到我家里去好不好？"
>
> 近午夜了，她没跟楚娣说要出去一趟，两人悄悄的走了出来。秋天晚上冷得舒服，昏暗的街灯下，没

有行人也没有车辆,手牵着手有时候走到街心。广阔的沥青马路像是倒了过来,人在蒙着星尘的青黑色天空上走。

他家里住着个相当大的弄堂房子。女佣来开门,显然非常意外。也许人都睡了。到客室坐了一会,倒了茶来。秀男出现了,含笑招呼。在黄黯的灯光下,仿佛大家都是久别重逢,有点仓皇。之雍走过一边与秀男说了几句话,她又出去了。

之雍走回来笑道:"家里都没有我睡的地方了。"

隔了一会,他带她到三楼一间很杂乱的房间里,带上门又出去了。这里的灯泡更微弱,她站着四面看了看,把大衣皮包搁在五斗橱上。房门忽然开了,一个高个子的女人探头进来看了看,又悄没声的掩上了门。九莉只瞥见一张苍黄的长方脸,仿佛长眉俊目,头发在额上正中有个波浪,猜着一定是他有神经病的第二个太太,想起简爱的故事,不禁有点毛骨悚然起来。

"她很高,脸有点硬性。"他说。

在不同的时候说过一点关于她的事。

"是朋友介绍的。"结了婚回家去,"马上抱进房去。"

也许西方抱新娘子进门的习俗是这样源起的。

"有沉默的夫妻关系。"他信上说,大概也是说她。

他参加和平运动后办报,赶写社论累得发抖,对着桌上的香烟都没力气去拿,回家来她发神经病跟他吵,瞎疑心。

刚才她完全不像有神经病。当然有时候是看不出来。

她神经病发得正是时候。——还是有了绯闻才发神经病?也许九莉一直有点疑心。

之雍随即回来了。她也没提刚才有人来过。他找了两本埃及童话来给她看。

木栏杆的床不大,珠罗纱帐子灰白色,有灰尘的气味。褥单似乎是新换的。她有点害怕,到了这里像做了俘虏一样。他解衣上床也像有点不好意思。

但是不疼了,平常她总叫他不要关灯,"因为我要看见你的脸,不然不知道是什么人。"他微红的微笑的脸俯向她,是苦海里长着的一朵赤金莲花。

"怎么今天不痛了?因为是你的生日?"他说。

他眼睛里闪着兴奋的光,像鱼摆尾一样在她里面荡漾了一下,望着她一笑。

他忽然退出,爬到脚头去。

"哎,你在做什么?"她恐惧的笑着问。他的头发拂在她大腿上,毛氄氄的不知道什么野兽的头。

兽在幽暗的岩洞里的一线黄泉就饮,泊泊的用舌头卷起来。她是洞口倒挂着的蝙蝠,深山中藏匿的遗民,被侵犯了,被发现了,无助,无告的,有只动物在小口小口的啜着她的核心。暴露的恐怖糅合在难忍的愿望里:要他回来,马上回来——回到她的怀抱里,回到她眼底。(张爱玲:《小团圆》,第206—208页)

张爱玲的这段描写,具有丰富的暗喻。

在以男权为归一的文本之中,女人理所当然地被视作可以被穿透的洞穴。洞穴与液体,欲望与伤害,压抑与罪过,扩张伸缩的肉体意象,以及无法抑制的渴念和担心被人攻击、被人消费的害怕。

学者庄信正认为,张爱玲性压抑;日后,虱子幻觉也是性压抑的表征。

2005年的盛夏,我在美丽园里探头探脑,看见22号的厨房间,有位女子在洗碗,后来知道,她叫沈晓萍。面善,就趋前去问。沈晓萍说:"胡兰成和张爱玲是没有看见过,胡兰成的女儿胡晓芸是我母亲的好朋友,姐妹一样的。"

女子把母亲请出来,一位清秀的女子。

她说:"我和胡晓芸从小在这条弄堂里玩,很要好的。她嫁到外面去,回来过,来看过我。很多年不联系了。过去的事情是不讲的。不好讲的。碰到一起,就是说说现在的事情。"

问到胡兰成的侄女胡青芸。沈妈妈说:"胡青芸很辛苦的,还活着,九十多岁了,以前住在28号。几个子女都很争气。女儿出国前,把她接到女婿家里住。离这里不远。身体好的时候,胡青芸常常来这里看老邻居的。"

与张爱玲亲近过的人里面,幸存者寥寥。胡青芸的出现,实在太重要了。

这些年,老了,腿脚不灵了,也疏于走动了,沈妈妈不记得胡青芸的地址,只记得在富民路,靠近巨鹿路,边上一个菜场,进得弄堂,最后一家。

去找了几次,不得要领。

2006年初春,美丽园22号,沈晓萍依旧在厨房里洗碗。见到我,已经有了老朋友的亲切。她说,很多人来这里拍照,拍电视,刘若英和赵文瑄也来这里拍电视剧。我觉得刘若英没有张爱玲的气质,张爱玲的气质没有人演得出来的。又问,找到胡青芸了吗?

我只道没有。她急急地又去问母亲。母亲还是和前次一样,耐心地告诉我方位以及房子的特征。

沈晓萍说,这样的找法不对的,一定要有地址才好。沈妈妈一旁道,要么去问问毛毛姆妈,她大约有地址的。

沈晓萍擦了擦湿淋淋的手,就去了毛毛姆妈那里。毛毛姆妈也是胡晓芸的同辈人,与胡青芸和胡兰成的子女是儿时的玩伴。因了这一层关系,经常去看望胡青芸。

一会儿,沈晓萍引了毛毛姆妈过来。毛毛姆妈一张很有福气的脸,说起话来温润得不得了。因为陌生,竟是还有几分羞涩。她说,那个时候,胡兰成和胡青芸家的孩子就很特别的,都是外国名字,洋派得很,兄弟姐妹读书都好,都很争气。

毛毛姆妈这样说着,就把胡青芸现在的地址和电话给了。我接过来看,一手漂亮的字,不禁赞出口来。沈晓萍道:"我们这条弄堂里住的都是受过教育的人,要么就是很重要的人。我家前面就住过蒋纬国的。"

回到家来,拨了胡青芸的电话。她一口上海话,清脆清晰。她的讲述,一点点地,铺洒在了我的文字里,给张爱玲缺乏营养的身子,充实了一些个血肉,一些个实感。

张爱玲去温州探望胡兰成前,特地到美丽园来,问是否有物件需要带过去。她不打电话,亲自来,为的是谨慎。

> 她突然觉得一定要看见他家里的人,忽然此外没有亲人了。
>
> 她去看秀男。他们家还是那样,想必是那位闻先生代为维持。秀男婚后也还是住在这里替他们管家。九莉甚至于都没给她道过喜。
>
> 秀男含笑招呼,但是显然感到意外。
>
> "我看他信上非常着急,没耐心。"九莉说着流下泪来。不知道怎么,她从来没对之雍流过泪。
>
> 秀男默然片刻,方道:"没耐心起来没耐心,耐心起来倒也非常耐心的呀。"
>
> 九莉不作声:心里想也许是要像她这样的女人才

真了解她爱的人。(张爱玲:《小团圆》,第225—226页)

青芸把东西送过去,张爱玲还睡着,倦梳洗,只吩咐把包裹搁在那里。

姑姑担心,张爱玲会同胡兰成一起去逃难。

胡青芸对胡兰成身边的女人,都只一句话了结:"英娣,好看的,是舞女,一个字也不认得的;全慧文不好看,脾气也不好,经常与胡兰成吵,因为有病;玉凤一般性的;范秀美,不漂亮,蛮会服侍人的。"待说到张爱玲,语气明显地不同,道:"张爱玲最好了,小说家了,也会欣赏胡兰成。"

一日在南京,与胡兰成的儿子胡纪元同桌晚饭。

胡纪元记得张爱玲来,在面包上涂了果酱给他吃,也记得父亲离婚是登了报纸的,看见父亲拿回来摆在桌子上。

人生没有小团圆

2004年。上海最冷的节气,我说要去温州。

朋友劝,等天暖了陪你一起去不好?

我执拗。

朋友说,你这个女人也是无药可救的。

火车上一夜,睡也非睡。出了站台,清光光的广场,门户紧闭。这个城还没有醒来。

一辆出租车停在身旁。问去哪里。

我说去窦妇桥。司机摇头。

那么松台山呢?

司机说,这个地方认得的。

车子到了松台山,其实就是一个小山丘。山前一座庙,名妙果寺,才修了的,好像一个新娘子,穿了簇新的衣服,光鲜是有的,只是不合身。

1946年的春节,张爱玲特地做了一件村姑的蓝印花布棉袄,喜气洋洋来这里的。她白天无事可做,也和胡兰成去走街。走到妙果寺,进去看罗汉。胡兰成逃难至此,性命尚不得着落,有闲暇却是没有闲情。而张爱玲好似女生春游,只要他在便是诸般皆好,连旅馆楼梯转角摆放的菩萨亦觉得刻画得好。

过了妙果寺,见一女子在水边捶洗,便又问起窦妇桥。

女人把手从水里拎出来,指了西面道:"那里便是。"

顺了她的手指去看,哪里有什么桥。

女人说:"以前有的,水填了,桥拆了,剩一棵树在那里。"

沿石栏走,一面旧墙上几个篆体"籀园图书馆",清清楚楚。

字有淡淡的晨光照着,一个乞丐蜷缩在墙根下,仿若得着了一些庇护。

躲避在温州,胡兰成常到这里看南京、上海的报纸,了解政府对汉奸的裁决。张爱玲来,他亦在这里借了书拿去旅馆给她看。

欲得进去看个明白,却是不见门楣。

温州籀园图书馆。胡兰成常在这里看南京、上海的报纸,了解政府对汉奸的裁决

从一边的实验小学绕过去，先就见到了朱自清的校训：英奇匡国，作圣启蒙。

原来这里就是温州中学的旧址。胡兰成隐居于此，冒领张爱玲祖父家的人，化名张嘉仪，在这里谋了教师的职务，从此衣食无忧。

图书馆是没有了，不晓得为什么拆掉。幸好还留了这样的一面旧墙，算是一个证人。

紧挨着籀园图书馆有一个准提寺。胡兰成的另一个女人小周因受胡兰成牵连，在武汉被抓。逢小周生日，胡兰成跪在准提寺的蒲团上替小周求神。张爱玲曲折水路辛苦来温州，亦是要胡兰成在她和小周之间作一个选择。胡兰成横是不答应，还怪罪张爱玲小气。

直觉告诉张爱玲，伤害就要发生了。

推开准提寺的门，里面已然一个大杂院，殿和佛早就是没有了，盖了一圈平房，住了几户人家。问关于寺里的事情，皆一脸的懵懂。

信着脚儿走过去，到了窦妇桥。按照老地图，它的位置靠在温州的城墙边上。正站在一级台阶上拍那棵老树，门里出来一女子，招呼晒太阳的男人回家吃饭。见我端了相机在她家的门前，觉得稀奇。男人进去了，她还站在那里看虚实。我顺口问:"知不知道徐家台门?"

女人怔一怔,答:"徐家台门是不晓得的。不过我们这个院子里倒是有一家姓徐的,是这里的房东。"

女人在前引路,敲了徐家的门。

徐家的人虽不明就里,还是把我们让进了客厅。

接下来的情形就很剧本化了。

我翻开胡兰成的书念:"徐家台门原是三厅两院的大宅,正厅被日本飞机炸成白地,主人今住东院。"

徐家人点头。

又念:"分租给几份人家,一家做裁缝,一家当小学校长。外婆(即胡兰成在温州的女人范秀美母亲的住处——笔者按)住一间,则原是一个柴房。"

徐家人亦点头。

及至念到"阿婆住的楼上原是一瑞安妇人住"时,徐家人徐顺帆说:"是了,是这里。你们要找谁?"

我把胡兰成的照片给他。他拿过去,只一眼,就说:"是这个人,在温州中学里面教书,教过我的堂姐的。不过他不姓胡。"

"他那个时候姓张。"

徐顺帆道:"这就对了。他长得并不高,他的女人算是好看的。我那个时候还小,不过记得很清楚的。"

徐顺帆指认当年胡兰成住的那间柴房。柴房依旧是几十年前的样子,简陋得很。

徐顺帆道:"祖上是清朝监察御史徐定超,一向开明清廉,后辈亦多为文人,没有银两来修葺老宅。能够保住原来的样子没有拆掉,还亏了自己是政协委员。"

张爱玲是在临走的前一晚来这里的,犹如贵重的东西托付在这里,定规要看过了才好安心。

那一夜,张爱玲和范秀美坐在木头的小凳子上,胡兰成坐在床沿上。因为胡兰成已经和范秀美夫妻相称,张爱玲坐在那里的身份是表妹。张爱玲愿意这样,完全是顾念胡兰成。为了掩盖生生的痛,她道范秀美生得美,秀美的母亲亦是善的。

> 她不怪他在危难中抓住一切抓得住的,但是在顺境中也已经这样——也许还更甚——这一念根本不能想,只觉得心往下沉,又有点感到滑稽。
>
> 他带巧玉(范秀美)到旅馆里来了一趟。九莉对她像对任何人一样,矫枉过正的极力敷衍。实在想不

出话来说，因笑道："她真好看，我来画她。"找出铅笔与纸来。之雍十分高兴。巧玉始终不开口。

她临走那天，他没等她说出来，便微笑道："不要问我了好不好？"

她也就微笑着没再问他。

她竟会不知道他已经答复了她。直到回去了两三星期后才回过味来。

等有一天他能出头露面了，等他回来三美团圆？

有句英文谚语"灵魂过了铁"，她这才知道是说什么。一直因为没尝过那滋味，甚至于不确定作何解释，也许应当译作"铁进入了灵魂"，是说灵魂坚强起来了。

在马路上偶然听见店家播送的京戏，唱须生的中州音非常像之雍，她立刻眼睛里汪着眼泪。（张爱玲：《小团圆》，第235页、第237页、第239页）

她与胡兰成相识的时候，胡兰成身边有两个女人，一个是生病的妻，一个是做舞女的妾。她与胡兰成结婚后，胡兰成身边有武汉的护士小周，有虹口榻榻米上的日本女子，还有这位陪着逃难的寡妇。

张爱玲无法在胡兰成的版图里找到生存的缝隙。她只好离开。

胡兰成也催她走，因为害怕身份暴露。

张爱玲觉得自己是院落里一只做客的雀，大家自顾不暇，没有挽留。她站起身，昏暗暗的清灯下，本来瘦长的身子越发地被拉长了。她提了行李，立在门口，眼睁睁看着胡兰成和范秀美并肩依靠，竟发现他俩有夫妻相，好像她和胡兰成上海的两年倒是一个触碰不到的幻影了。

看不下去，自然是要走的。不过心里还是委屈。到了船上，原本搁在那儿的郁结，终不必再忍了，哗啦啦顺了流水，一并倾泻下来。

相机，拍下这个院子，拍下这间屋子——张爱玲的疼痛依然还在里面的。

滚滚红尘，千百万人的死终究还是没有换来两个人的倾城之恋。

张爱玲要与不断出现的女人争一个男人的感情。

难！难！难……

罢！罢！罢……

不久,胡兰成在温州的半路女人范秀美来上海堕胎。胡兰成的侄女青芸把她领到张爱玲处要钱做手术。张爱玲读过了胡兰成写的纸条,没有一些犹豫,很爽快地,从里间出来,拿了一个金镯子说:"当掉,换钱。"

留下来吃饭,想添两个菜的,最后也还是作罢了。怕以为她很有钱。

青芸也懂事,不多言语,只拿了镯子走人,亦是没有一声"谢谢"的,都觉得应该。

张爱玲心里一阵悲凉,也只是微笑着,惨淡的微笑。

她成为过街老鼠的时候,胡兰成逃难归来,母亲也从欧洲回来。

她手上一共攒了四两黄金,二两给了胡兰成,轻轻也郑重地放在胡兰成侄女手掌里。胡兰成看见的,也没有作声,理所当然。

胡兰成饥肠辘辘,张爱玲煮了饭出来,统共只有两碗,没有菜,只开了一个油焖竹笋罐头。见此情形,青芸识相道:"我不吃,我回家去吃。"大约也是怕露富,也怕被姑姑嗤笑:倒贴。

张爱玲在生命纠结处,也曾尝试着想象过三个女人团圆在一起的情形,只是命运没有给出这样的"小团圆"。

她的每一种感情都千疮百孔。

1970年代，在台北，胡兰成教职被解聘之后，住在朱西宁家隔壁。每到开饭时，朱家这边的女儿，必定隔着墙篱招呼："胡爷，吃饭啦！"

胡的应和，每每都调门响亮，原来生性是这样，不管身在何处，今夕何夕，总是意兴洋洋，随遇而安。三餐里有肉，床上有女人，大抵如此。

胡兰成有才无品，如若没有张爱玲，他便是再结一百次婚，也就是一个贫儿暴富的才子而已，哪里会有今天这样的名声，哪里可能得到朱家父女的善待？

苍茫的日子

"我姑姑那时住在南京西路梅龙镇酒家弄堂内的重华新村。到了约定的那天,我去到姑姑家,姐姐有事出去了,姑姑也去上班,只有母亲在家。吃饭的时候,她一直注意我吃的饭量和爱吃的菜是否符合我对她讲的……我想到她尚未和我父亲离婚前,对姐姐和我的饭食营养很注意,常叫我们吃牛油拌土豆泥和菠菜泥。我虽不爱吃,也只好把它们当药一样吃下去。"(张子静:《我的姐姐张爱玲》)

重华新村在梅龙镇酒家的弄堂里,靠近张爱玲多次描述过的平安大戏院。

张子静口述的地址是:重华新村2楼11号公寓。

进了重华新村的弄堂,除了梅龙镇酒家是清末民初西式洋房外,其余的住宅当属三层结构的新式里弄房子。

拿了这个地址,茫然地站在弄堂当中,瞻前顾后,不知道何去何从。

有人告知,有 11 室的房子只能是梅龙镇酒家所在的那幢。

这幢楼的风格很像张爱玲家的老宅,老气横秋的红砖,朽而不腐的木制百叶窗,护墙板,宽敞的楼梯,幽玄的结构,一道道、一重重,好像是把江南的园林和北京的四合院缩小了捏合在这里。

顺着梅龙镇酒家边上的一扇标着"22 号"的门进去,上到二楼。弯曲昏暗的走廊,每户门口都装着一个煤气灶。晚饭的时候,家家烹煮煎炒,积年的油垢中混合了酱油料酒,一股浓烈凝重的气息。

这里是上海滑稽戏里描述的"72 家房客"。

据文字记载,此处也曾做过学校。

不愿意看到张爱玲和姑姑潦倒到如此这般的田地。

可偏在这个时候想起了张子静的话:

"1947 年 6 月她写信给胡兰成决绝之后就与我姑姑搬离爱丁顿公寓,迁居梅龙镇巷内的重华新村 2 楼 11 号公寓。那幢公寓外观远不如爱丁顿雄伟,室内也小得多。显见姑姑与她的经济状况不如以往了。"

走廊里的烟气迷蒙了双眼,很费力才能够看清门楣上的号码。

11号房间是有的。

正在做饭的邻居说,11号房间现在没有人住。

另一位邻居说,不对的,此11号,不是你找的11号。你找的11号已经拆掉了,现在是镇江饭店。一旁有人反对说:不对的,镇江饭店好像不是11号。

找到新镇江酒家,那里是双号门牌。而单号门牌数到9号就直接跳进15号了。

几个人在背阴的地方打牌。上前打听,他们手里的牌是不肯停的,斜着眼瞥一下,又自顾研究起手里的牌。其中的一个道:"喏,你去54号找殷大姐,她在这里住得最久了。她知道得最多了。"

那天刚下了一场大雨,闷热的黄梅天,经了滂沱的雨水冲刷,有了一点清凉。

殷大姐的儿媳妇,在后门水斗洗碗盏,听说找婆婆,问明来意,很殷勤地请了婆婆出来。殷大姐慈眉善目,是那种吃斋念佛的人。她说,梅龙镇酒家的房子是海上闻人虞洽卿的。姨太太多,一人一间。后来分租出去做学校。殷大姐的丈夫是虞洽卿的厨师,她在这里住了六十多年了，弄内一向没有门牌11号的。

咦？

没有13号是能够理解的，是避讳不吉利，但是为什么要避11号呢？莫非建造的主人在个人的身世里与11这个数字有隐情？

此时正是晚饭时间，满腹疑思，想找一个地方坐下来梳理，就往梅龙镇酒家台阶上走。里面八仙桌、太师椅、仿红木案几，全是凝重的颜色。侍者上了茶，与他打听，他是一点儿也不知道。不过热心，去问他的师傅。他的师傅从厨房出来道：知道的人早就退休了，无考了。

姑且坐下来，点了名菜富贵鱼镶面、干烧明虾，味道和酒家的颜色一样，也是重。说是川扬帮，和在扬州、镇江吃的馆子一点不相干的。张爱玲爱吃合肥丸子、掌鸡蛋，因家里的厨子都是祖母带过来的。我每次出差合肥，总也点这几样菜。特别是合肥丸子，颇合脾胃。好友王丽萍过年回来带了好几斤，冻在冰箱里不舍得吃，就像对待好书，珍惜着。梅龙镇酒家在1942年就搬到这里，张爱玲住在此地的时候，不知是否光顾过。在国外，张爱玲想念起上海诸多的食品，不见提起梅龙镇，大约是不对胃口。

将就地吃了出来,那个地址像旧情人一般,又回来厮缠:"2楼11号公寓。"

梅龙镇酒家的房子是民初的老宅子,重华新村是新式里弄联排建筑,为什么张子静说是公寓呢?再翻旧档,但见"重华公寓:南京西路1049号—1113号"字样。

却原来,同是一个大门进出,却不是一家人。

重华公寓的门牌依从南京西路,门面房子开了店,进公寓要从梅龙镇酒家的弄堂进去,后门上楼。想起在香港坐电车,摇摇晃晃,在上环和西环的旧区,可以看见一些四五层楼的房子,楼下店铺,上面住家,带着战前上海的风格。重华公寓也是这样的。一梯两户的格局,没有电梯,窗子沿街,单元按照英文字母A、B、C、D……排列,两房一厅的布局,英式风格。

陈子善教授说,1949年,张爱玲和她的姑姑在重华公寓的窗口看解放军进城的。张爱玲和姑姑向来清寡避世,不会跑到马路上看热闹。所以,那个窗子一定要沿街才能看得见。重华公寓的窗子是符合这个细节的。可是我在那里访问了十多次,终是无法落实"2楼11号"。

柳暗花明。

文学的探究,是有侦探的成分在里面的。

时隔三年，一个电话结束了艰难亦困惑的寻访。

静安区资料馆的朋友电话里说，1947年的上海地图，清楚地标明：重华公寓2楼11号。当时，11室的楼下开一间新华百货公司。13室楼下是瑞华皮鞋厂。

房子一栋都没有少，为什么却少了门牌呢？再去那里实地探究，原来1950年以后门牌整理，把11室和13室合并在一个门牌里面了。

张爱玲的老邻居说，1950年，他是用五十两黄金顶下13室这套公寓的。公寓里面，确如张爱玲的弟弟张子静所说，与张爱玲和姑姑以前的房子相比，这里的成色算是最差的了。

真好，还在。张爱玲的温存还留在这里。

以为证据就这样坐实了。

张爱玲搬来这里，刚与胡兰成离婚，也被一些激昂的人士归在文化汉奸之列，一些媒体开始封杀和围剿张爱玲。那情形犹如《红楼梦》第一百〇五回，查抄宁国府，一惊一吓，生命全都变了颜色。

搬出爱丁顿公寓，是一个决定，一个斩钉截铁的转身。张爱玲意欲重新开始，说卷土重来也未尝不可。

在搬迁这里之前,张爱玲亦在华懋公寓(今锦江饭店北楼)住过一些日子。猜想搬出爱丁顿公寓,与胡兰成撇清,是匆忙中做出的决定,然而也是不容更改的决定。她一时找不到合适的地方,亦舍得花钱去华懋公寓住,大约是母亲付的房租。

母亲回来,想救女儿出去,但女儿不肯,执意留在上海。

这一年,张爱玲二十七岁。痴癫疯狂?涕泪横流?

不得而知。

只有文字这样说:张爱玲去找沪上著名文人唐大郎和龚之方,请其出版《传奇》修订本。这部小说集,先前在与胡兰成感情最为炽热的1944年9月初版。四天即再版,畅销一时。

康龚二人于张爱玲,怜香惜玉兼惜才情,接到此命,自是不敢怠慢,约了导演桑弧去拜访沪上的金石书法家邓粪翁,为张爱玲的修订本求字。邓粪翁亦仗义,没得推托,即刻给了八个字:"张爱玲:传奇修订本。"

修订本小说由张爱玲自己选定,并且增补了序《有几句话同读者说》。

序的要义一是声明自己不是文化汉奸,二是与胡兰成的关系实属私事,用不着对大众剖白。其言锋利严谨,犹如一封律师公函。封面以及编排一径自己安排,且用了印章,挑了泥印,在每一页纸上盖将过去,郑重其事。如此举动,仿若洗心革面,收拾山河,重新出嫁。沉着、坚定,没有夹缠,即使是耗子,也生硬地走在光天化日之下。

出国以后,张爱玲在一些散文和小说里,不断地书写着重华公寓和周边的街道。

1988年在《谈吃与画饼充饥》里,张爱玲写道:

"有一次在多伦多街上看橱窗,忽然看见久违了的香肠卷——其实并没有香肠,不过是一只酥皮小筒塞肉——不禁想起小时候我父亲带我到飞达咖啡馆去买小蛋糕,叫我自己挑拣,他自己总是买香肠卷。一时怀旧起来,买了四只,油渍浸透了的小纸袋放在海关柜台上,关员一脸不愿意的神气,尤其因为我别的什么都没买,无税可纳。美国就没有香肠卷,加拿大到底是英属联邦,不过手艺比不上从前上海飞达咖啡馆的名厨。我在飞机上不便拿出来吃,回到美国一尝,油又大,又太辛辣,哪是我偶尔吃我父亲一只的香肠卷。"(张爱玲:《续集》,皇冠文化出版有限公司1988年版)

老上海,飞达咖啡馆名气很大,入口开在平安大戏院里面，廊柱下，阴影里，是约会等人最理想的又名正严顺的空间。那里的咖啡杯子比别处的大，加上淡奶油，结实的香浓溢满双颊。张爱玲喜欢用大杯子喝红茶，不知道是否是在那时养成的习惯。飞达的点心也好吃。下午4点，一杯咖啡，一客栗子蛋糕，足份足量，即便到了晚上8点正餐时间，亦没有饥饿感。飞达的服务也是一流的，里面还有一个小乐队，兴致所至，翩然起舞。

张爱玲在纽约一家丹麦人开的点心店里吃"拿破仑"，断然道："比不得飞达的好。"尝了报纸推荐的"乳酪稻草"（一种起酥点心），又道："还是飞达拿手。"对上海偏爱得不行。张爱玲离了上海，是生活不下去的，就连文章也是越写越寡淡了。

小说《色·戒》亦发生在重华公寓一带。

平安大戏院，外廊像一把巨型的伞，全市唯一一个小型的二轮电影院，灰红暗黄颜色的砖墙，立体、现代、强烈的秩序感。附近是凯司令咖啡馆、西比利亚皮货店、绿夫人时装店……

张爱玲文字里提到西比利亚皮货店旧址在静安寺路（今南京西路）1135号—1137号，由俄国侨民在1935年开设。

西比利亚皮货店。在重华公寓附近，疑是郑苹如刺杀丁默邨的地点

1939年冬，西比利亚皮货店曾出现过异常惊险的一幕。当时正值日伪时期，汪精卫政府在上海设立了特务总部，掌门人为丁默邨。重庆方面决定利用特殊手段除掉他。丁默邨好色，"中统"制定出"美人计"的周密计划。

唱主角的是郑苹如。她是大家闺秀，容貌出众，其父是公共租界特区法院首席检察官，母亲是日本人。她还有一个有利条件，即六年前在上海民光中学就读时，丁默邨是校董。

旧年将逝，霞飞路、静安寺路上的一些洋店铺橱窗里，已摆出圣诞饰品迎接新年。1939年12月21日下午，丁默邨和郑苹如来到西比利亚皮货店。

甫一进店，郑苹如便挑了一件高级裘皮大衣，在穿衣镜前试样，不时询问丁默邨的意见。丁默邨敷衍着女人也从穿衣镜里观察门外的动静。有两个大汉不时向店里观望，而且对面人行道上也有两个魁梧之人盯着皮货店。他机警，狐疑落进了伏击圈。他扔下一叠钞票，飞速冲出店门，向对面马路疾奔。司机自然训练有素，见丁默邨上车，便猛踩油门绝尘而去。

郑苹如承认谋刺丁默邨，但一口咬定是情杀，否认受中统指使。

圣诞节过后的一个中午，郑苹如被押往沪西刑场，遭秘密枪决。

"帮帮忙，打得准一点，别把我弄得一塌糊涂。"这是美丽的郑苹如留在世界上的最后一句话，是用上海话说的。

前些年，平安大戏院原先的走廊改做了布店，一块一块的布料如彩旗翻飞。依然可以如张爱玲，看完电影，买上一块布料，然后去找一家熟悉的裁缝铺子，做一件风格特别的衣衫，只是没有了飞达咖啡馆的乳酪稻草。

庭前老树，陌上新荨。如今，平安电影院也拆掉了，做了服装专卖店。对面，著名棉纱大王荣家的房子还在，不过已经不属于荣家了。人间世事，比如舞台，没有人可以永远站在 C 位的。

从杭州过了清明节回来，接到来自户籍档案管理处的一份传真：张爱玲户口迁入地址为：南京西路 1081 弄 8 号，工作单位登记的是穆伟均律师事务所打字员，工作时间不明，一直居住到 1950 年 4 月 15 日，迁往黄河路 65 号 301 室。

这样一来，张爱玲在重华公寓的居所又归不了档了。

按照 1947 年发布的上海地图，对应重华公寓二楼 8

曹总：

　　关于张爱玲的户籍情况调查如下：

　　张爱玲；女；1920年8月19日出生；籍贯：河北省丰润县；学历：大学；

　　1950年4月15日前住南京西路（静安寺路）1081弄8号（重华新村）；工作单位：穆传均律师事务所打字员；工作时间不明；何时从何地迁来未登记。

　　1950年4月15日迁往黄河路65号301室（长江公寓）；工作单位未记载；

　　1952年7月17日迁往香港浍华街62号三楼。

　　张爱玲的亲属户籍情况；

　　张志沂、黄逸尢的户籍均未查到；

　　张茂渊的户籍情况：

　　张茂渊；女；1902年6月3日出生；籍贯：河北省丰润县；学历：大学。

　　户籍记载：1936年10月从常德路195号迁入南京西路（静安寺路）1081弄8号；工作单位：国光影视公司秘书；1950年3月14日迁入黄河路65号301室；1958年3月25日迁入黄河路65号106室；工作单位：大光明影院退休；1991年6月13日报死亡。

王 凤
二〇〇六年四月十七日

张爱玲户籍调阅报告

号的街面号码是1101号,隔壁1105号:聚典成银行,1089号:航海广播电台合作商店,1109号:天工洋行,1113号:亨得利钟表店,1135号:第一西比利亚皮货店。唯独张爱玲家住的这个单元下面没有租出去。

不愿意是8号,偏是8号,其现在是一家饭店。

8号真的没有了。

中国人,民以食为天,对老房子,不做他想,唯有开饭店。经常去那家饭店,总也坐在二楼。一边吃,一边对人讲,这里原先是张爱玲的家。

上海的最后证据

张爱玲和姑姑住在卡尔登公寓(今长江公寓)的301室。

据上海户籍资料,张爱玲和姑姑是在1950年春天搬到这里的。这里原也是李鸿章的产业区。

据上海私营房地产业资料记载:

"清朝大吏李鸿章除拥有具亭台楼阁之胜的丁香花园外,还在今华山路置有豪华住宅,今南京西路人民公园对面沿街的数十幢三层市房及后面的住房梅南坊也是他的产业。他的家属还把华山路住宅改建成枕流公寓分户出租。"

1928年,张爱玲一家从天津搬到上海,舅舅在李鸿章的这片产业上,找了一个叫张家浜(今新昌路)的地方落脚。张爱玲和舅舅的孩子在附近一家照相馆里拍了一张合影。张爱玲说，那个照相馆叫"宝德"。

1940年代的上海地图，宝德照相馆的地址是南京西路258号，在大光明大戏院停车场的边上。

张爱玲说："我们搬到上海去等我母亲、我姑姑回国。我舅舅家住在张家浜，未来的大光明戏院后面的卡尔登戏院后首的一块不规则的小型广场。叫张家浜，显然还是上海滩初开埠时节的一块沼泽地，后来填了土，散散落落造了几幢大洋房。年代久了，有的已经由住宅改为小医院。"（张爱玲：《对照记》，第15页）

张爱玲说的这几幢洋楼，现在为长征医院的一部分。

卡尔登公寓是一幢酒店式公寓，钢筋混泥土结构，现代主义风格。高低错落有致，四开扇摇门，铰链式电梯，套入式中央花园。公寓的顶层，一个视野开阔的大阳台。

公寓等级森严，设有四架楼梯，供不同层次的人进出。每个层面设二十五个套房，S型走廊上铺呈地毯。现在虽然地毯早已不见了，固定地毯的铜条还顽强地保持着当年的姿态。那个时候，公寓那头的人要到公寓这头来乘电梯，必须经过其他的二十几个房间。女人们长长的裙裾，细细的鞋跟，在绵软的地毯上悄无声息。

昔日卡尔登公寓(今长江公寓),原属维克多·沙逊产业

公寓处处是铜制的把手、铜制的锁、铜制的徽记。据卡尔登公寓的一位水电工说，卡尔登公寓本意上是要超过国际饭店的，因为战争，没有按照原先的图纸建造完毕。那些待用的建筑材料一直堆放到了1970年代。

张爱玲和姑姑住在301室。这个单元的边上有一道楼梯，直接通向树木浓密的花园。

张爱玲使用笔名"梁京"发表小说《十八春》，在上海《亦报》连载，引起轰动。有位和曼桢同样遭遇的女子从报社探悉了张爱玲在卡尔登公寓的地址，一路找了来。门房自然是不让进的，此女子只得倚在公寓的门上恸哭。张爱玲手足无措，幸得姑姑下楼劝慰，才将一个泪水涟涟的痴情女子劝了回去。

画家孙良，1960年代搬入卡尔登公寓，住在二楼。那时，张爱玲的姑姑也从三楼搬到二楼。她住的那个单元是一居室的格局。

公寓的气质是清傲的、隔绝的，世事沧桑不留痕迹的。即使住了一辈子，见了面，也只是用了下颚，微微挪动一下而已。张爱玲的姑姑更是不多话。因为和孙良的爷爷同乡，有的时候倒也过来和孙良的爷爷聊天。她曾说，她的那个家没有给她什么好。孙良的印象里，张爱玲的姑姑很高、很瘦，语调里带着纯正的京味。孙良随楼里的人称张爱玲的姑姑张茂渊为"李小姐"。

张茂渊长期独身，到晚年才与相恋了一辈子的李开第结婚。

应该是叫"李太太"的，可人们始终改不了口，还是称她"李小姐"。孙良读书的时候，经常去张爱玲姑夫李开第那里请教英文。姑父曾经是张爱玲在香港读书期间的监护人。按照《小团圆》里的线索，张爱玲的母亲和姑姑曾经一同享有过对李开第的感情。

推开卡尔登公寓的窗子，赫然眼前的是远东第一高楼国际饭店（旧称 Park Hotel）。

国际饭店与张爱玲的人生际遇亦是有桥段的。

从1930年代到1980年代初的整整半个世纪中，矗立在南京西路上的国际饭店一直是上海最高的大厦。

世界著名建筑大师贝聿铭在回忆童年时曾经说，最早引起他对建筑感兴趣的就是国际饭店。去大光明电影院看了电影，叔叔牵着他的手，总要在国际饭店门前仰望刺入云天的大厦。

据一位知情者说，1950年代初，逃亡中的胡兰成曾经偷偷地回上海，在这里秘密与张爱玲会面，撞见熟人周黎

当时远东第一高楼国际饭店(左)。旁边为金门饭店,张爱玲父亲和继母举行婚礼的地方

庵，为了避嫌，彼此装作没有看见。

张爱玲的母亲最后一次回国，亦下榻在这个酒店。

国际饭店隔壁是华安大厦（金门饭店），原是中国第一家人寿保险公司，1926年落成，仿文艺复兴时期风格，以穹隆圆顶为建筑纵轴线，两侧是对称的罗马石柱。1939年，香港商人来上海开饭店，租用大楼三至七层，并加盖一层作为餐厅，名为金门饭店。

1934年，张爱玲的父亲与继母在这里举行了婚礼。

张爱玲参加了婚宴。

她坐在那里吃喜酒，表面上敷衍得很好，心里却是忧怨的。

出国多年，张爱玲心心念念的起士林咖啡店就在金门饭店的附近。按照旧门牌号，金门饭店是104号，起士林咖啡店是72号。

钻石级地段，看得见繁华，又可以规避繁华，入世出世，进退自如。

出得卡尔登公寓，便是著名的商业中心南京路和跑马总会。附近的福州路，旧称四马路，许多著名的馆子、书店、戏院和杂志社。

《万象》杂志社编辑部在这条街的一个阁楼上。曾经张爱玲一袭旗袍,腋下夹一包文稿,去《万象》见柯灵。

活色生香的市井,是张爱玲书写上海的移动盛宴。

一日清晨,她与胡兰成步行同去美丽园,大西路(今延安西路)上树影车声,张爱玲心生喜悦,与胡兰成道:"现代的东西纵有千般不是,它到底是我们的,与我们亲。"

她是没有离开就已经想念了。

又一日,姑姑说起柏林战时不知破坏得如何了,因就谈论柏林的街道,张爱玲答:"我不想出洋留学,住处我是喜欢上海。"胡兰成政治上诸般作为,亦终不想要移动她。

1952年7月17日,她悄然离去。

她在香港,为了避人耳目,也是拮据,蜗居在一间斗室里,情形是上海的亭子间。户籍资料上登记的住址为:香港渣华街62号3楼。

去寻找过这个地址,早就没有了。

在美国,她依然是深居简出,坚持清幽的风格,一旦被人认出,立即搬家,不留任何痕迹。

一位台湾朋友的车已经停在了张爱玲的公寓前,张爱玲也不出来应门。说:"这样很好嘛。"

决绝，刺猬一般。

心理学理论说，水仙子式的人物，因为在现实中缺少爱和重视，遂变得自私自利、好胜或者富有攻击性。没有任何人来引导她去纠正自己；她的这种性格，根深蒂固，直到死亡将其抹去。

她与琼瑶的叔公平襟亚因为稿费，闹到决裂，还要登报说明。作品被人批评，她也是定规要跑出来很严肃地替自己申辩。

1960年代，张爱玲去台湾，主要两个目的，一是寻找写作题材，譬如少帅张学良；二是结算版税。张爱玲的姑姑说，这两件事情她都做不好的，因为她不擅长与人打交道。果然。

在访问台湾的途中，接到赖雅中风的消息。为了筹钱，也为了履行先前的稿约，张爱玲转道香港去写剧本。

为了省钱，她住在好友宋淇夫妇家，因为创作分歧差一点与宋淇夫妇反目。

这些个事件，追究起来，亦是自恋型性格中的张扬、疏离，以及过度的自我保护。

张爱玲小说里的人物，都是自我结构、自我中心的人设，终日无限怜惜地舔舐自己的伤口。时间一长，和自己的伤口发生了感情。创伤代表了他们的个性；碍于环境，碍于性格的乖僻，始终无法跨越突破，在玻璃缸里缺氧窒息。

1983年秋，受朋友庄信正所托，林式同先生送信函给张大小组。彼时，她住在洛杉矶肯辛顿大道。电话约定晚8点见。林式同如约而至。

三楼。305室。

敲门。无人应门。

再敲，里面传来应答。

约半支烟的工夫，张大小姐的声音隔门再次传出来：

"抱歉，我衣服还没换好，请你把信放在门口，今儿就不见了。"

林式同惘然。

搁下信，悻悻地下了楼。

那次，他开车，来回路程两个小时，还吃了一张罚单。

废弃了基本礼仪，无视人情世故，人际关系疏离到如此这般的极致，也是奇观了。

1993年3月，上海作家魏绍昌到洛杉矶访问，巧遇张爱玲邻居。邻居道，如果给张爱玲写信，她倒是可以帮忙投到张爱玲的信箱去的。于是,魏绍昌写了信,附上了联络电话。等了几天,杳无音讯。

一个多月以后,张爱玲打电话到魏绍昌借住的朋友家问:"魏先生在吗?"

朋友告之魏绍昌已走。

张爱玲说:"我刚看到信呀。"电话就挂断了。一点寒暄都没有,利落得如一把利刀。

张爱玲曾说,上海人还是可以见见的。

妄加揣测,张爱玲是广场恐惧症和幽闭恐惧症患者。她渴望把自己放逐到不受约束的空间,又让自己的空间越来越闭锁,犹如美国幽居诗人艾米莉·狄金森(Emily Dickinson),青少年时代生活单调而平静,受正规宗教教育。从二十五岁开始弃绝社交,如女尼似的闭门不出,在孤独中埋头写诗三十年,留下诗稿一千七百余首,生前只发表过七首,其余的都是死后才出版的。

那天,在上海刘海粟美术馆,看八大山人的画,两只孔雀,一堆漫不经心的牡丹,也不知道是正开着还是已是萎靡。那鸟,孤单、落魄,在一大片留白中不知所措。眼睛就这么白生生地瞪着,一动不动地瞪着。城春草木依然深,只是家没了。昔日的王公贵戚,改朝换代、啼笑皆非之间,什么都不是了,只有萧索,只有一双孤傲的白眼,向着青天,一种静穆中的单纯。

这是张爱玲的眼神。

张爱玲住在纽约的理由是那里比较像上海。她在《易经》里说,上海是给予她一切许诺的地方。

毕竟是刻骨铭心的地方。可是她终于还是离去了。临走,与姑姑约定,老死不相往来。这是命运的又一次出走。

1952年8月,张子静出差回来,去看姐姐。

姑姑开了门。一见张子静便道:"你姐姐已经走了。"然后把门重重地关上。

张子静下得楼来,站在派克路口(黄河路),眼泪止不住地落下来。

《金锁记》,曹七巧的家

小说《金锁记》脱胎自李鸿章的次子李经述的三儿子李国煦夫妇的故事。按照辈分,按照家里的习惯,张爱玲叫"曹七巧"三妈妈,称三妈妈的儿子李玉良谓琳表哥(小说中的长白),称三妈妈的女儿李家瑜谓康姐姐(小说中的长安)。现实中,"二少爷"不是骨痨,是独眼盲,故而一直戴着当时流行的溥仪式墨镜。

三爷姜季泽本名李国熊,是李鸿章的孙子。

李家老三住在威海路张园附近。

老三逝去多年了,宅子满堂还是结婚那阵子的家具。十六箱八橱四桌,与之匹配的衣架、脸盆架、琴凳、琴桌、烛台、果盆、楠木梳盒,以及分家得来的紫檀木笔架、白玉墨洗、景泰蓝掐金丝花瓶、各色纸砚、宋版书、画轴、嵌螺钿红木龙凤床,直把一个大宅子堆成一个博物馆。

李玉良（家瑾），《金锁记》中长白的原型

晚清民初的上海，张园称得上是市民最大的公共活动场所，赏花看戏、照相观影、纳凉吃茶、宴客游乐、演讲集会、展览义卖……几乎所有的社会公众活动，张园都敞开大门包容其中。当时文人墨客的散文游记中，"张园"二字出现的频率奇高。清末名人孙宝瑄写有一部《忘山庐日记》，涉及中国近代史上众多的人、事、物，其中就写道：张园之茶和四马路之酒，是外地人到上海后一定要吃的。当时上海夜晚时分最有名的地方是四马路，而白天最热闹的场所非张园莫属。李鸿章、盛宣怀的子女，以及孙中山等名人要人有钱人，亦是那里的常客。

张园不收门票，从中午可以一直玩到深夜。这种集各式娱乐功能于一园的大众化娱乐方式，是19世纪末随着上海城市商业经济繁荣发展，市民消费热情日益高涨而出现的。1915年和1917年，更专业的大型游乐场新世界和大世界建成，张园渐趋衰落，据1932年出版的《上海风土杂记》记载："张、愚二园，今已湮没不存。"

1930年代，上海房地产活跃，废弃的张园被地产商买了去，盖起了风格缤纷的独立别墅和联排别墅，张爱玲的三妈妈住的独立别墅，正是建造在这块地界上。1947年之前，房子的底层和花园租给了一个小学校，三妈妈收了租金去买火腿和鸦片。抽得身子鬼一样飘忽轻薄,原本丰腴的胳膊,到了后来,手臂一扬,一个玉镯子直落到腋窝下面。

《金锁记》中,生命痛苦的本质弥散出销魂的魅力,它以一种寂静主义的方式表达出对生命本身透彻骨髓的悲剧感。

销魂的能力基于对生命悲哀的感受力。

有人说,中国的小说有苦难,但是没有英国式的或者德意志式的悲剧。《金锁记》里是有的。张爱玲具有写作上和体验上的刻画悲剧的能力。

丁玲的《莎菲女士的日记》也讲女性的身体和悲哀,自己是在里面的。

张爱玲和她讲的不一样。张爱玲的文字,冷静冷酷,出手凌厉。但是张爱玲不是波伏瓦,她不是女性主义者。

小学扩建,拆了旧房建新房,原先"曹七巧"的家,连一块碑碣都不曾留得下来,如此彻底。又不知过了几世几劫,这里的大户人家与张爱玲的三妈妈一样,都不晓得去了哪里。后来住进来的居民,各自为营,把幢幢漂亮的大宅子变成了大杂院,多了烟火气、市民气,在都市高压的生活条件下,表现出上海人奇特的生存智慧。

一个鞋匠,在大宅子边上搭了一个棚子修鞋。一修就是一辈子。天晚了,看不见了,从家里拉出一根电线来,点一盏耀眼的灯在那里,继续补鞋。和他说话,说三妈妈家的房子,他说就是在这里。很好的房子,很大的,花园也很大的。拆掉了呀。

鞋匠并不知道这栋房子的过往历史,也不知道张爱玲在这栋房子里,给三妈妈请安和祝寿的情形。他只知道,以前,这里住的都是有钱人,或者是有钱人家的姨太太。姨太太多,所以房子一定也就大了。

黄昏骤至,一只麻雀,落在高处的电线上,静止不动,最后,隐没在夜色。

苏青的家以及煤球炉

自忠路244弄7号。如果按照这个地址写信过去,是要被退回来的。

犹如一个极其熟悉的电话号码,多日不联系了。突然心血来潮,按了号码,那边是电话局小姐温柔的声音:"此号码已不存在。"

苏青的女婿谢蔚明先生回忆,至少从1948年起,直到"文革"中,苏青一直住在卢湾区自忠路244弄7号。这条弄堂建造于1924年,石库门样式,一字排开,苏青住的7号位于中间,正对着弄堂口,门头上镌有"乐石"二字。

"文革"中,每天清晨,苏青的功课是在自己的脖子上挂一块大牌子,站在自家门前罚站。这样的情形,在那个时代里,随处可见。一向心直口快的苏青,在昔日的邻居的印象里,是一个沉默的老太太。生活已然改变了苏青

苏青的家。一排老式石库门房子,苏青住在其中的7号

的性格。但是她并没有麻木。一个清晨,她在天井里读狄更斯的《大卫·科波菲尔》,禁不住泪流满面——她还能阅读。

在上海文坛,张爱玲似乎只和苏青有比较深的交往。她们在彼此的自传体小说里书写了彼此。

张爱玲去苏青的家,大约还是晚清的打扮。苏青说,那个样子,一条弄堂都要震动起来。

苏青是宁波人,说话干脆,对张爱玲却很小心,遇见评说张爱玲的事情,把要说的话写在纸上,然后照着读一遍,不是客套,是郑重其事。一次,张爱玲去苏青家,遇见胡兰成也在那里。张爱玲醋意也是有的,但掩饰得好,别人没有发现,只单单让胡兰成察觉。

张爱玲这样写苏青:

"苏青是——她家门口的两棵高高的柳树,初春抽出了淡金的丝,谁都说:'你们那儿的杨柳真好看!'她走出走进,从来就没看见。可是她的俗,常常有一种无意的隽逸,譬如今年过年之前,她一时钱不凑手,性急慌忙在大雪中坐了辆黄包车,载了一车的书,各处兜售,书又掉下来了,《结婚十年》龙凤帖式的封面纷纷滚在雪地里,那是一幅上品的图画。"(张爱玲:《我看苏青》)

上海文坛,张爱玲只和苏青有较深的交往

张爱玲以己度人,颇具身世之感。

"苏青是乱世里的盛世的人。她本心是忠厚的,她愿意有所依附;只要有个千年不散的筵席,叫她像《红楼梦》里的孙媳妇那样辛苦地在旁边照应着,招呼人家吃菜,她也可以忙得兴兴头头。她的家族观念很重,对母亲,对弟妹,对伯父,她无不尽心帮助,出于她的责任范围之外。在这不可靠的世界里,要想抓住一点熟悉可靠的东西,那还是自己人。她疼小孩子也是因为'与其让人家占我的便宜,宁可让自己的小孩占我的便宜'。她的恋爱,也是要求可信赖的人,而不是寻求刺激。她应当是高等调情的理想对象,伶俐俏傥,有经验的,什么都说得出,看得开,可是她太认真了,她不能轻松,也许她自以为轻松的,可是她马上又会怪人家不负责。这是女人的矛盾么?我想,倒是因为她有着简单健康的底子的缘故。"(张爱玲:《我看苏青》)

苏青的成名作《结婚十年》,与《小团圆》一样,具有强大的自传性和现实性。苏青比张爱玲更早地清算了自己的私生活。因为直率地写了性,写了女性的心理活动,被人不客气地戏谑为"文妓"。张爱玲在《小团圆》里,对苏青冷幽默了一下,给苏青起名为"文姬"。

苏青的丈夫与邻居、作家徐讦的妻子赵濂越出婚姻的边界。

赵濂跑来说："我怀孕了,徐讦走了。"

苏青决定离婚。虽然她还没有想好离婚以后怎么办。

苏青选择了作家之路、出版之路。她为出走的"娜拉"找到了出路。

1950年,苏青的前夫李钦后因为贪污被捕。

每一次审讯,苏青都坐在旁听席上。

李钦后是律师,可是没有替自己辩护。

李钦后被判死刑。

苏青的命运是这样的:1955年12月10日的午夜,上海市公安局来到苏青的住处——自忠路244弄7号,出示了逮捕搜查证。

苏青被关在提篮桥监狱,囚号是21805。

1982年12月,苏青口吐鲜血,踏上往生之路。不知美国的张爱玲是否接到了这个讯息。

苏青住的地方现在归属商业地产"新天地",也种了杨柳。有风的日子里,柳枝飘啊飘,有思念在里面。

2009年,我在上海电视台《往事》栏目里说苏青,接到徐讦后来的妻子的电话,说:"这一节故事我不知道,因为徐𬣞从来没有告诉过我。我听了很震动。"

张爱玲和父亲住的大多是石库门房子,冬天要生煤球炉。白案的桌子底下,堆着煤球,用蒲包装着。晚上,封了炉火,上面放壶水温着,早上起来洗漱用。

"我又想起胡金人的一幅画,画着个老女仆,伸手向火。惨淡的隆冬的色调,灰褐、紫褐。她弯腰坐着,庞大的人把小小的火炉四面八方包围起来,围裙底下,她身上各处都发出凄凄的冷气,就像要把火炉吹灭了。由此我想到苏青。整个的社会到苏青那里去取暖,扑出一阵阵的冷风——真是寒冷的天气呀,从来没这么冷过!"(张爱玲:《我看苏青》)

这一节里,张爱玲把苏青比作取暖的炉子,不仅与苏青住在石库门房子做饭生煤球炉子的日常生活熨帖,也一路带出了自己的心态和上海的天气。

上海的冷是阴湿的,连着的阴霾和小雨,侵袭到了骨头里,说出来的话也不免刻薄了些。上海沦陷后公寓和洋房里,壁炉早就是废弃了的,热水汀自然也是虚设的。

"到了晚上,我坐在火盆边,就要去睡觉了,把炭基子戳戳碎,可以有非常温暖的一刹那;炭层发出很大的热气,星星红火,散布在高高下下的灰堆里,像山城的元夜,放的烟火,不由得使人想起唐宋的灯市的记载。可是我真可笑,用铁钳夹住火杨梅似的红炭基,只是舍不得弄碎它。碎了之后,灿烂地大烧一下就没有了。虽然我马上就要去睡了,再烧下去于我也无益,但还是非常心痛。这一种吝惜,我倒是很喜欢的。"(张爱玲:《我看苏青》)

夜,漂白了时间,白昼起始于时间黑洞之外。

1972年,张爱玲定居洛杉矶。那里没有四季,有的是漫长的春天,永远不败的鲜花。诧异的是,临终前的张爱玲,热烘烘的天气里,依然点着取暖灯,一直等到房门被强行打开;也为了皮肤病,也是取暖?比如《红楼梦》第九十七回,潇湘馆里林黛玉,躺在那里,身子纸一般薄,意识清楚,只道是冷,丫鬟伺候着把炭盆子挪到炕上。

一日,坐在老房子壁炉旁,听见门响,开了门,不见有人。往过道里看,后楼梯的窗子下,些许马路上漏进来的光,竟生长出幻觉,仿佛张爱玲潜伏在那暗的影子里,也还是冷,手里捧了一只玫瑰红的热水袋。

《倾城之恋》的舞台

张爱玲是冷的,读她的小说齿寒。

比如《金锁记》,比如《茉莉香片》,所有的人都是绣在屏风上的鸟,钉在那个框子里,飞不掉的,没有出路,只等着岁月慢慢淹了去,剩下砂砾和泡沫。单只有《倾城之恋》还有那么一点点稀薄的浪漫。

到香港,每次都要去浅水湾坐一坐的。

一早,影星潘迪华姐姐来电话,约在浅水湾酒店午餐。

阴天,有雾。空气里有树的味道,雨的味道,日子的味道,风起,云涌,雾罩,海是看不见的。

等我们喝了咖啡出来,雾渐渐地被冬日的微风吹散了去,太阳从远方的天际悄然地爬上来,浅水湾的轮廓深一笔淡一笔的,疏疏落落,如绣架上的丝丝缕缕,又如一首李清照的声声慢。午饭后的这个时刻,山道上,只有我们俩。

原有的浅水湾酒店已于1982年拆卸，改建成现在的影湾园商场及高级酒店式公寓。重建时，着力保留旧有的欧陆花园、亭台楼阁，以及英国殖民地色彩。不敢想，太平洋战争，这里曾发生过英军与日军的激烈枪战。

那天，奔驰公司正在那里推绝版车型，香港岛的名人几乎都来了。

奢靡豪华里，微尘和暗香混合成一种价值观。

导演许鞍华在拍《倾城之恋》时，浅水湾大酒店还没拆，许多镜头完全是实地拍摄，一丝不苟地照搬了张爱玲小说里的样子。

去那里，把电影《倾城之恋》做地图，把小说《倾城之恋》做戏码，一一比照和挪用，是另类阅读。

站在窗口，看见白流苏从上海坐了船来，仆人把她送进房间。房间号130，不是2046。

进了房间，白流苏不由得笔直向窗口走去。

露台餐厅，柚木门窗，打蜡地板，雕花的木吊扇。小虫子飞来，撞在灯罩上，晕过去，掉在雪白的桌布上。白流苏望着海滩，范柳原伸一只手出来遮住了她的视线。白流苏亦不恼，只管自己低下头去。

香港浅水湾，《倾城之恋》的现实版

周润发扮的范柳原笑道:"有人善于说话,有人善于笑,有的人善于管家,你是善于低头的。"

缪骞人扮的白流苏道:"我什么都不会,我是顶无用的人。"

范柳原不依不饶道:"无用的女人是最厉害的女人。"

那一年打仗,书念不下去了,张爱玲坐船从香港回到上海,先是在圣约翰大学插班,读不下去,因为学费太贵,决定自食其力,卖稿周济自己。1943年9月发表《倾城之恋》上集,10月写了下集。11月写了《金锁记》《封锁》等。一夜之间,成了文坛明星。她的崛起,代表了"海派"小说半个世纪发展的高峰。

张爱玲亦欣欣然,享受着成名的欢乐。

到了1944年,张爱玲更是春风扑面,有人投资为张爱玲的《倾城之恋》做话剧版。张爱玲亲自做编剧。排练放在兰心大戏院。张爱玲特地租了戏院对面的华懋公寓(今锦江饭店北楼),天天去剧院看排演,郑重其事。

正式演出在宁波路上的新光戏院,连演八十场,场场爆满。沪上文人,包括傅雷等人,按捺不住,或点评,或介绍,或吹捧,掀翻了一池秋水。

被挪用、改写了的《倾城之恋》，演化成传统戏曲，才子佳人，终成眷属。罗曼蒂克的气氛，消减了张氏的苍凉。

1940年代的上海，陈蝶衣是著名报人，在福州路大中华旅馆底楼开了一家同名咖啡馆，在那里写书写歌词。福州路上书店多，文人也多，就常有同好者来这里喝咖啡聊天。现在的夫人梁佩琼当时是咖啡馆里的会计，日久生情，结为夫妻。

柯灵主持的《万象》杂志编辑部也在福州路上，陈蝶衣经常在那里发表对文学的见地。

1944年12月，张爱玲小说《倾城之恋》搬上舞台，陈蝶衣与导演桑弧观看了头场演出。是晚，寒潮来袭，戏园子里没有暖气，裹着大衣，也还是冷。回家的路上，陈蝶衣踩在结冰的路面上，滑了一跤。顾不得许多，连夜灯下赶写文章，题目为《〈倾城之恋〉赞》，发表在《力报》上。

陈蝶衣与张爱玲是同一年到香港的。

我特地从上海去香港访问他。

潘迪华听说我要去粉岭探望陈蝶衣，便说，粉岭啊，很远呢!

买来香港地图,前前后后看了几遍,找不到粉岭,这才知道真的很远。

潘迪华姐姐担心我迷路,特地在车行订了车,约好了上车的地点。怕我舍不得钱,又与车行讨价还价。人家看她的面子,给了一个很大的折扣。顺风顺水,到得粉岭,说是找陈蝶衣,门房很热络地开了门。

按了铃,进得客厅,陈蝶衣正坐在临窗的沙发上读书。见有客人来,就往里间走。夫人道:"勿要走,找你的。上海人来看你了。"

陈蝶衣耳背,夫人把音调提得很高。

夫人这边端了茶水过来。

大声说话很是别扭,夫人建议用纸笔对谈。

我写:"有资料称,陈歌辛是'歌圣',你是'词圣'。"

陈蝶衣拿起放大镜看,嘴角略微地一抽,想说什么的,没说,只是不置可否地嘿嘿了两声。

夫人一旁道:"伊勿在乎名气的,你说好就好,你说不好就不好,从来不去辩解的。"

这就问到了张爱玲。

陈蝶衣拿放大镜把这个问题看了很久,道:"张爱玲?不晓得到哪里去了。出远门了。"

张爱玲自然是出远门了。1955年,张爱玲意识到,在香港,是没有她的天地的,所以,她果断地离开。连李丽华请她写剧本,也了无心情。倒是陈蝶衣,先后为李丽华写了《小凤仙》和《红楼梦》。

问陈蝶衣:"去过浅水湾吗?"

陈蝶衣道:"浅水湾没有去过,天天去格兰咖啡馆的。天天去的。"

夫人赶紧解释道:

"我们刚刚到香港的时候,很困难,找不到事情做。后来百代公司晓得我们到了香港,找到我们。陈蝶衣和姚莉的哥哥姚敏天天到尖沙咀的格兰咖啡馆即兴创作。那个时候他和姚敏,姚敏喝喝啤酒,他喝喝咖啡,姚敏想了个曲子,然后开始唱,他就把词配上去,姚敏说好的,就写上去吧。大家拿的是报纸,那个时候大家都穷光蛋啊,没钱的,大家就用报纸来写歌的,正正式式的歌谱没有的,哪里来的歌谱。所以现在人家问我们借歌谱,没有的,一张都没有。姚敏也没有的。那个时候百代公司没人知道的,后来大陆歌星都来了才慢慢为人所知,那个时候时代曲没人听的，都听广东曲。那个时候的格兰咖啡馆都是一些电影圈人士聚会的地方，大家都没有写字间，相约了在咖啡馆里碰头。那个时候写一首歌大概二十块钱，算不错了。姚敏喝酒太多，倒在地上，一下子就过去了。所以他对格兰咖啡馆印象特别深刻。

"我是1952年端午左右来香港的。两三个月以后他才来。住在导演屠光启的家里，在钻石山上。他照顾我们很多的。那个时候大家都困难嘛，像难民一样。"

当年张爱玲在香港，也是窘迫，只能住在慈善机构的女青年会。

又问陈蝶衣："想念上海吗？"

答："以前的事情不记得了。上海小笼包子还记得的。"陈蝶衣老小孩子一样，脸颊粉红色，无邪的笑意含在嘴角边。

夫人看着，不知是喜还是悲，一半嗔怪一半心疼道："你看看他一百岁像吗？九月份足一百岁了。现在有点糊涂了。喜欢的东西都不舍得扔。他从来不虚荣。上次陈燮阳一个朋友来看他，回去以后说你爸爸没一样东西值钱的。他不抽烟不喝酒，来了香港几十年了，什么地方都没去过，海洋公园也没去过。每天去麦当劳两次，看报纸，喝咖啡。回家吃红枣粥。生活很简单的。"

我对夫人道："哪天，我们一起去浅水湾喝咖啡吧！"

夫人曼声应着。

张爱玲是爱这个地方的。她在《小团圆》《倾城之恋》《易经》里，用了很大的版面描写在香港大学读书的生活，描写了浅水湾。

港大入学注册的照片上，记录了那个年代的张爱玲：清汤挂面的中分发型，一副大镜框的眼镜，饱满的额头，弯弯的眉梢，一颗盘扣规整地扣住她的锁骨三角区。第一次发现，她是中国传统美女的鹅蛋脸，一排细致的牙齿，收敛地躲在唇的后面，她在微笑，难得一见的微笑。

因为她在，母亲便常来香港。一群上海人，在战争期间，把浅水湾当作避难所，一个奢华的避难所。

读了《小团圆》，特别是读了《易经》才明白，为什么张爱玲说，《倾城之恋》是写给上海人看的。

去的去，来的来，浅水湾依旧动人。香港女作家亦舒接二连三地把她小说中的红男绿女安排在这个地方约会。

浅水湾已然成了中国版的帝国大厦，爱的、痴的、浪漫的、文学的、世俗的、富贵的，一定会知道这个地方——知道了，一定要跑了去，哪怕只是看一眼，摆一个姿势，拍一张做作的照片，或者叫上一壶咖啡，在香浓爽滑浅斟慢啜里，想一些前世今生的红尘往事，等海风凉凉地吹过来，等天一点点暗下去，等张爱玲下船，上岸……

就这样，等着。

愿这世界静止，愿完美无缺的叶子像褶边，在树上，裹住无穷无尽的时光……

择邻处,继母的家

孙用蕃的父亲是担任过北洋政府国务总理的孙宝琦。孙宝琦有五房太太,二十四个子女。孙用蕃是姨太太所生。孙宝琦晚景拮据,尽量把儿女许配给权贵之家。盛宣怀、袁世凯、冯国璋等,都是孙宝琦的亲家。孙用蕃因为染上了阿芙蓉瘾(吸食鸦片),也因为一段夭折的感情,迟迟没有出阁。三十六岁的时候,经其兄介绍,嫁给了张爱玲的父亲。一个国务总理的女儿,一个李鸿章的曾外孙,也算是门当户对了。

柯灵夫人陈国容女士说,她的同学是孙用蕃的侄女,曾随同学一起去孙宝琦家玩。旧式石库门的房子,姨太太们一人一幢,独门独户。寸土寸金的小院子里,或种柳树或栽桃,自家过自家的日子,天天相见,却是井水不犯河水。不像有些大户人家,几房太太住在一个大宅里,乌眼

孙宝琦家的闺女们(后排左二:孙用蕃)

鸡似的，明争暗斗，恨不得我吃了你、你吃了我。孙家的格局，可以看见孙宝琦治理家事的功底。孙宝琦去世，由大太太当家，每个月的月钱由大太太派到各房去。大太太倒也公平，不厚此薄彼，有孩子的和没有孩子的，区别对待，上上下下，算盘珠子，拨弄得清清楚楚。大家都说张爱玲的后母孙用蕃精明能干，与祖上比，还是差了一大截子的。

择邻处在爱丁顿公寓附近。青灰的墙，黑漆的门，弄堂口牌楼上"择邻处"三个字已经看不见了。不知道是在哪朝哪代给抹了去的。弄堂安静，门户紧闭，远离是非。一个保姆拿了几个刚刚刷干净的马桶进去，用力地关了门，很警觉的样子。

敲门，一位老先生迎出来。他名陈江，祖父曾与孙中山一起策划组建同盟会，后来去东北买地办农场，遇见土匪，草草收场回了上海。父亲从德国学医回来，仗着家里的遗产，并不急着做事，一生蹉跎。问起旧事，陈江指着20号说："那里住的是康有为的儿子。他有两个太太。太太们是亲姐妹，我经常看见她们同进同出的。"

《半生缘》里，曼桢和曼璐，亦是亲姐妹。张爱玲惯

择邻处,张爱玲继母孙用蕃娘家的住处,现已拆除

会信手拈来，活用事实。我暗忖，继母的家世背景，是否也被张爱玲活用了？

陈江家1936年搬来这里。那时候，孙宝琦已经辞世六年了。既然主子死了，姨太太们当然是不愿意再厮守一团。本来也是分了家的，所以，变卖了房子另找去处也是在情理之中。

择邻处的名字固然雅致，但比起盛宣怀来，孙宝琦是寒酸的。

1924年春天，浙江发生水灾，在租界里做寓公的孙宝琦等人发起了一个"救助乡亲赈灾会"。

孙宝琦，浙江人，前清即为显宦。在北洋军阀时代，他曾历任驻外公使、总长、国务总理，在上海滩也算是一个闻人。但"救助乡亲赈灾会"成立后，却应者寥寥，近一个月，才收到千把块钱的捐赠。孙宝琦能使出的解数都使出了，但就是没人愿买他的账。

轰轰烈烈地开场，寒寒碜碜地结束，孙宝琦觉得脸上实在挂不住。整日里，愁眉苦脸，唉声叹气。

"还是找杜先生吧。"有人向他献策。

于是，孙宝琦准备了每个重二十两、印度产的"大土"三个，乘车到华格臬路（宁海西路）216号的杜公馆拜访。

杜月笙看到这位"孙总理"亲自来访,不免一怔。他和孙素未相识,此次来访,意在何为?他不敢怠慢,马上命人将孙宝琦迎入客厅。

孙宝琦寒暄一番坐下后,仿佛不在意地请教:"照目下的行市,不知印度大土每只值多少钱?"

杜月笙说:"目前禁烟甚严,大土久已绝迹,没有行情了。"

"哪里话,我这儿就有三只。"孙宝琦说着,吩咐跟班立即从汽车里取来,放在桌上。笑着又说:"以前听说是二百两银子一只,现在算它涨了几倍,也不过千把元一只吧。"

杜月笙连忙说:"是好东西,大概绝不止千元一只,怕要两千块钱吧。"

孙宝琦有些得意:"听说杜先生有时喜欢'香'两口,俗话说宝剑献给烈士,红粉赠予佳人,这就献给足下吧。"

杜月笙连忙说:"让我照价买下来,送给时疫医院,救济病人。"

孙宝琦忙说:"那么,就算捐给善会吧!"他连忙取出捐款筹,摊开放在桌上。

杜月笙吩咐秘书:"写一万元,开张支票交给慕老。"

接过支票后,孙宝琦万分感激,兴冲冲地告辞。上了汽车,司机对他说:"这三只大土,已经送回,放在后座上了。"

这一段故事虽是渲染过的,不过还是可以看出张爱玲继母的家世背景。

既然孙用蕃成了自己的继母,那么张爱玲也要对孙宝琦叫上一声"外公"了。

对这样一个后来的外公,张爱玲亦是不曾忽略的。

"她父亲孙宝琦以遗老在段祺瑞执政时出任总理,即在北洋政府也算是'官声不好'的,不知怎么后来仍旧家境拮据。总不见得又是因为'家里人多'?他膝下有八男十六女。妻女都染上阿芙蓉癖。"(张爱玲:《对照记》,第27页)

张爱玲的继母嫁到张家的时候,张家住的是大房子,开的是欧洲车,拥有十几处的房产,保姆丫头一大堆,在当时上海最豪华的礼查饭店(浦江饭店)订婚,风光一时。

因为房地产开发,这条弄堂已经从上海地图上永远消失了。

孙用蕃（左）与姐姐——盛宣怀家的四媳妇孙用慧

虹桥路上的别墅和《半生缘》

翻阅老照片,虹桥路上的别墅,英国乡村风、西班牙风、地中海风,一幢连着一幢,多是沪上名门显贵的物业。沿街用了女儿墙来分隔,落地窗推出去,花园里,小桥流水,亭台楼阁,十足庄园做派。有小孩子越墙进去捉蝌蚪,主人也不生气,只管他们去嬉戏。如果到了晚饭时分还不曾离去,主人才佯装严厉赶了他们出去,怕的是父母担心。

虹桥路上的别墅,是小说《半生缘》故事的重要片场。

顾太太既然是这种态度,他也实在对她无话可说,只有站起身来告辞。走出来就到一爿店里借了电话簿子一翻,虹桥路上只有一个祝公馆,当然就是曼桢的姐姐家了。他查出门牌号码，立刻就雇车去，到了那里，只是一座大房子，一带花砖围墙。世钧去揿铃，铁门上一个小方洞一开，一个男仆露出半张脸来，世钧便道："这儿是祝公馆吗？我来看顾家二小姐。"那人道："你贵姓？"世钧道："我姓沈"……一阵脚步声渐渐远去，想是进去通报了。但是世钧在外面等了很久的时候，也没有人来开门。他很想再揿一揿门铃，又忍住了。这座房子并没有左邻右舍，前后都是荒地和菜园，天寒地冻，四下里鸦雀无声。下午的天色黄阴阴的，忽然起了一阵风，半空中隐隐地似有女人的哭声，风过处，就又听不见了。世钧想道："这声音是从哪儿来的，不会是房子里边吧？这地方离虹桥公墓想必很近，也许是墓园里新坟上的哭声。"再凝神听时，却一点也听不见了，只觉心中惨戚。（张爱玲：《半生缘》，北京十月文艺出版社2006年版，第208—209页）

1996年间，上海东方广播电台从外滩北京东路2号搬到虹桥路1376号。如张爱玲小说《半生缘》所说，这里原先是公墓。

站在高处，一栋意大利文艺复兴时期风格的别墅，外墙粉白色水泥砂浆拉毛，曾住国民政府要员白崇禧。

当年名媛陈香梅与美国飞虎队将军陈纳德终于获准结婚，也在虹桥路一带寻找房子。

陈香梅喜欢虹桥的幽静。他们看中了虹桥路转角上的美华新村，共有十二栋精致建筑，英式风格，价钱昂贵。

1947年，新婚的第一个圣诞节，陈香梅与陈纳德坐在客厅内，圣诞树下闪烁着五彩灯光，缤纷的礼物堆积如山。夜阑，客人散去，陈纳德拿出一个淡黄色织锦面的盒子，外面系一条红丝带。陈香梅想，那一定是一件首饰；错了！那是一把金钥匙，是美华新村五号的门匙。卡片上写着："送给我亲爱的小东西，连同我完整的爱。"

陈香梅惊喜道："啊，那所房子！"

陈香梅心仪的爱巢。

她父辈的别墅也在近旁。

初夏，坐在一个被改作画廊的别墅里吃饭，草地上，两只墨黑的大公鸡，旁若无人，当家做主人的感觉。一白一黄两只猫咪，在桌腿边彷徨，不肯离去，意思是要上得桌来，吃我们碗里的小黄鱼。做饭的姨娘讲，这里原先是宋子文的产业。

一墙之隔，商业巨子荣家的别墅，被白蚁蛀蚀得不成样子。家族开会，说要拆，不舍得，先就派了老管家守在那里，实在捱不下去了，终于决心拆了重来。有多少往事可以重来？拆前，荣智健率领祖辈三代来此祭祖，特地租来了摇臂摄影机，录制了一份影像资料，作为家族档案。

老管家在院子里种了茄子和玉米，还来不及长大。我摘了几个幼小的茄子，放在锦匣子里送人，珍惜得不得了。

握着黄铜的门把手，忍不住要想，哪里是张爱玲《半生缘》的所在呢？其实，找得到或者找不到都是无所谓的，单只是坐在这些个老宅子里，张爱玲的形象便已是活动起来了；倚在老虎窗前望前尘，仿若置身于传奇故事之中。

历史常常因了偶然而改变了颜色。

既然《小团圆》里提到了邵洵美，那么，就有了新的剧情的推进点了。

盛宣怀的外孙、诗人邵洵美，遇见美国女作家项美丽，在美国名媛"花厅夫人"弗里茨的引见下，常来虹桥路沙逊别墅玩沙龙。项美丽爱上了邵洵美，是另一段海派

虹桥路沙逊别墅

传奇,且按下不表。

盛宣怀家族,与李鸿章家族,纵横联姻,算起来也是亲戚。

邵洵美的夫人盛佩玉的回忆录提到,张爱玲不见胡兰成,胡兰成去托邵洵美说项。都是世家子弟,邵洵美引荐张爱玲也是顺理成章。彼时,胡兰成这般背景的人物,自是不敢当面推辞,但私下里是对张爱玲提醒的。只是说得斯文隐晦罢了。

许鞍华导演电影《半生缘》,把虹桥路上的别墅装点成摇滚风格,真也是匪夷所思了。

坐在虹桥路沙逊别墅院子的摇椅上,知了正叫着夏天,一径地摇啊摇,仿佛要把秘密的板块摇出一个缝隙,然后钻进去——张爱玲从来也没有走远……

剪辑错乱的记忆

1952年7月,小暑。姑姑差使用人买来一只活杀的母鸡,葱姜绍酒,炖了一锅汤,待到黄澄澄鸡油浮出水面,放几张新荷叶,把浮油吸了去,留下几许初夏的清香。浅浅的一碗,姑侄二人,静静地喝着,各自揣着各自的心思。

姑姑淡然道:"你祖母,这个时节,就好这一口荷叶汤,汤里还要搁面鱼,那面鱼,和太湖里的银鱼似的,细细的一条,可惜了,我不会做。"

张爱玲那边低低应了一声,搁下碗,怔了一会儿道:"姑姑,我这一走,那里的地址也是不能给你的。你是不知道的好。免得牵连。"

姑姑一件月牙白的旗袍,周身不见一样首饰,大约是天热。她只管喝着汤,一小勺、一小勺地抿着,杯盏还是前朝的纹样。

窗外,夜蝉,许是累了,只鸣了一个长长的响,便落进绿荫里歇息去了。

次日一早,三轮车已停在公寓门前。

张爱玲不敢多带物品,只收拾了一个中号的箱子。姑姑掂了掂箱子,转身回自己房间,取来一本线装宋版书道:"里面给你压了几张金叶子,不凑手的时候,连书一起兑了。"

张爱玲接了过来,竟也来不及伤感,提了箱子进了电梯。

三轮车夫奋力踩着轮子。

太阳渐渐地高了,晒得发晕,车夫停下来,拉起了遮阳篷。

国际饭店、跑马厅、四马路、外白渡桥、俄国领事馆,还有礼查饭店,父亲就是在这里与继母订婚的。

此番她要去的地方是香港,她复读香港大学的申请获得了批准。她是合法的。

1939年,张爱玲赴港大读书。1942年,香港沦陷,张爱玲被迫中断了在港大的学业,是托了高层的熟人,才买到回上海的船票。下船的时候才发现,与京剧名伶梅兰芳同船。下了船,也是雇了人力车,也经过这些地标建筑,只是此番,顺序是相反的。

香港和上海,构成了张爱玲作品的两个重要的场域。

张爱玲从罗湖出境。

为此行,特地穿了一套素朴的衣服。

那天,她随着火车上下来的一群人过了罗湖桥,把证件递给铁丝网那边的香港警察。警察拿了送进一个小屋去研究,就此音信杳然。正是大热天,张爱玲和人群站在太阳下。

桥,是一个关卡,关乎命运。

桥面由粗重的枕木铺成,两端分别由两方的军警把守。

张爱玲排在长长的队伍里,等待过关。

香港警察严防死守,摆出一副"宁可错杀三千,不愿一人漏网"的样子。

紧张、疲惫、忐忑的气氛,如暗流,弥漫在人群中。

香港警察是个瘦长的广东靓仔,戴着新款太阳眼镜,短袖衬衫,百慕大短裤烫得笔挺,看上去又凉爽又倨傲,背着手踱来踱去。这边站岗的士兵,一个腮颊圆鼓鼓的北方男孩,穿着不太合身的制服。大家在灼热的太阳里站了一个钟头之后,那小兵愤怒地咕噜了一句:"让你们在外头等着,这么热!去到那边站着。"他用下颏略指了指后面一箭之遥,一小块荫凉的地方。

大家都不朝他看,稍带微笑,抱歉着,反而更往前挤近铁丝网,仿佛唯恐遗下中间的一个。但是仍旧有那么一刹那,她觉得远离故土的惆怅像潮水冲洗上来,最后一次在身上漫过。

那条地界,从此,把张爱玲的生命分为上半场和下半场。

2007年11月,张爱玲的遗嘱受益人宋以朗在一箱一箱的张爱玲资料中,发现了一篇极为珍贵的文稿——《重访边城》。让人惊喜的是,它不是英文版的翻译,而是张爱玲重新写过的中文版本。这个文本,是对历史、对当代文学题材的一个重大补白。

1961年,距张爱玲第二次到香港又过去近十年,她刚刚获得美国公民身份,重回香港还文字债。

香港,在张爱玲眼中属于边城。文字穿越时光,张爱玲用她规整、拘谨的字体,描述了三次居住香港的生活次第。

一杯茉莉香片,一条棉毯——张爱玲抽丝剥茧的十指,写出了颜色、味道和对自己的哀悼。

上海人总是与香港亲的。

同是边城,香港不像台湾有一水之隔,不但接壤,而且返乡探亲扫墓的来来去去络绎不绝,对大陆自然看得比较清楚。我这次分租的公寓有个大屋顶阳台,晚上空旷无人,闷来就上去走走,那么大的地方竟走得团团转。满城的霓虹灯混合成昏红的夜色,地平线外似有山外山遥遥起伏,大陆横躺在那里,听得见它的呼吸。

二房东太太是上海人,老是不好意思解释他们为什么要分租:"我们都是寄包裹寄穷了呀!"

他们每月寄给她婆家娘家面条炒米咸肉,肉干笋干,砂糖酱油生油肥皂,按季寄衣服。有一种英国制即溶方块鸡汤,她婆婆狂喜地来信说它"解决了我们一天两顿饭的一切问题"。砂糖他们用热水冲了吃作为补品。她弟弟在劳改营,为了窝藏一个国特嫌犯;写信来要药片治他的腰子病与腿肿。她妹妹是个医生,派到乡下工作。"她晚上要出诊,乡下地方漆黑,又高低不平,她又怕蛇——女孩子不就是这样。"她抱歉的声口就像是说她的两个女儿占用浴室时间太长,"女孩子不就是这样"。

我正赶上看见他们一次大打包。房东太太有个亲戚要回去,一个七十来岁的老太太,可以替他们带东西。她丈夫像牛仔表演捉小牛,用麻绳套住重物,挣扎得在地板上满地滚。房东太太烤了只蛋糕,又炖了一锅红烧肉。

"锅他们也用得着。"她说。

"一锅红烧肉怎么带到上海?"我说。

"冻结实了呀。火车像冰箱一样。"

她天亮就起来送行,也要帮着拎行李通过罗湖边境的检查。第二天她一看见我就叫喊起来:"哈呀!张小姐,差点回不来喽!"

"唉呀,怎么了?"

"吓唉呀!先不先,东西也是太多。"她声音一低,用串通同谋的口气,"也是这位老太,她自己的东西实在多不过。整桶的火油,整箱的罐头,压成板的咸鱼装箱,衣裳被窝毯子,锅呀水壶,样样都有,够陪嫁摆满一幢房子的。关卡上的人不耐烦起来了。

后来查到她皮夹子里有点零钱，人民票，还是她上趟回来带回来的，忘了人民票不许带出来的。伙咦！这就不得了了。'这是哪来的？哈？'……房东太太虎起一张孩儿面，竖起一双吊梢眼……窃窃私语道："这位老太有好几打尼龙袜子缝在她棉袍里。"

"带去卖？"

"不是，去送礼。女人穿在长裤里。"

"——看都看不见！"

"不是长筒的。"她向她小腿上比划了一下，"送给干部太太。她总喜欢谁都送到。好能干呵，老太。她把香港拍的电影进口，给高干看的。要这么些钱干什么？哈？七十岁了，又没儿女，哈？"她笑了。（张爱玲：《重访边城》，北京十月文艺出版社2009年版）

这简直就是一本电影台本。

王家卫曾说，他的电影，都是在向张爱玲致敬。

譬如，《花样年华》本没有上海女房东这一人设。一次，在电影院里，王家卫遇见潘迪华，他们用上海话打招呼。王家卫觉得，潘迪华就是张爱玲笔下的房东太太。于是重新改写了剧本。

1995年，美国洛杉矶。

张爱玲在给宋淇夫妇的书信里，提到有位香港导演王家卫要将《半生缘》拍成电影，寄了他的作品的录像带来，"我不急于拍片，全看对方从影的绩效"，末了问，"你们可听见过这个名字？"

半年后，张爱玲归天。此事不了了之。

王家卫回应这件事：

"我和张爱玲的年代差太远了。我认为张爱玲小说是很难被拍成电影的，我很喜欢《半生缘》，但《半生缘》是拍不了的，每个读者对它都有自己的看法，就像《红楼梦》一样。对我来说，《东邪西毒》就是金庸版的《半生缘》，《花样年华》就是王家卫版的《半生缘》。"

王家卫的电影是作家电影，张爱玲的小说是纸上的电影，他们的时空都盘桓在香港和上海，他们分别用胶片和文字谋划着各自的双城记——在别处，遥望故土。

是的，在别处。

第三次来香港，张爱玲委约写电影剧本，因赖雅中风，只得提前返美。临走有个亲戚约了张爱玲在香港饭店见面。晚上7点30分，在大厅里泡了红茶，叫了一碟英国蛋糕。礼节性的告别,一节课的工夫,彼此辞过。

时间还早,张爱玲想买点廉价金饰带回去送人,听说后面一条街上有许多金铺,便散漫地走将过去。

香港到处在拆建,邮筒半埋在土里也还照常收件。造出来都是灰白色大厦,用色胆怯,使人觉得建筑师与画家是老死不相往来的两族。

老房子当然是要拆。这些年源源不绝的移民快把这小岛挤塌了。这次来,张爱玲住在九龙,难得过海,怕看新的渡轮码头。从前油漆得光润的半旧枣红木质地板拆了,一座栈桥伸入海中,四野冷冷清清,张爱玲心疼本土文化的流失,因为太喜欢这个城市,兼有西湖山水的紧凑与青岛的整洁,而又是离本土最近的"唐人街"。唯其近,没有失真,不像海外的华埠。

踏上斜坡,黑洞洞的,不见人影子。青石板山道太陡,不通车,一片死寂。张爱玲暗忖:这香港也像美国了,一到了晚上,营业区就成了死城,行人绝迹,只有汽车风驰电掣来往。

是中环,亦没有灯光,连大楼的窗户里,也不见泄漏的星星点点。她有点心慌意乱,只顾得脚下,担心一不留神,摔落下去。

悄无声息地走着，只听见自己的脚步。

这不是摆绸布摊的街吗？怎的，一点痕迹都不留？

距离1939年在港大读书已经二十多年，她完全迷失，没有了方向，只是心里往事如潮。

一个戏院的背后，四周如喧闹的鬼市。摊子实在拥挤，小车柜上竖起高高的衣杆，挂满衣料，把沿街店面全都挡住了。

她在人群里挤着，目不暇接。她只看中了一种花布，有一种红封套的玫瑰红，鲜明得如烈日，有凡·高的强烈，圆圆的单瓣浅粉色花朵，粉红密点代表阴影，两片并蒂的黄绿色小嫩叶子，碧绿底子，或深紫底子，那种配色只有中国民间有。她想起上海虹口的布店，英国曼彻斯特的纺织厂仿制的康熙青花瓷布料，几可乱真。她的母亲曾经喜欢一种印白竹叶的青布，用来做旗袍，一身水墨；香港中上等妇女穿唐装的，也是用黑色香云纱料，或是用夏季洋服的浅色细碎小花布。

张爱玲喜欢这种土布，曾买来做裙子。在服饰上，她最是别出心裁。

尽管与港大有过不愉快的过节，张爱玲还是回母校拾旧。到底是她的青春。

校园倒还没怎么改变,不过校园后面小山上的树长高了,中间一条砖砌小径通向旧时的半山女生宿舍,比例不同了,有点"面熟的陌生"。

张爱玲不敢细看,时间的重量压得她抬不起头来,只觉得那些拔高了的小杉树还有点未成年人的伶仃相,一个个都是暗绿的池中暗绿的喷泉,向白色的天空射去,噬噬哗哗地上升,在一刹那间已经把她抛下很远,成为局外人。她赶紧转身走开了。

也是经济拮据,又因《红楼梦》剧本几经修改不得结果。拖延,银子用尽,张爱玲移居在宋淇夫妇家里。

半山上。

杜鹃花丛中,姜黄老洋房,门前阳台上刷了漆的木柱栏杆,掩映在嫣红的花海中,配着碧海蓝天的背景,也另有一番韵味,一张俗雅兼得的风景明信片。

那时,宋淇家祖孙三代,连同保姆,一大家子人,住房并不宽敞。儿子宋以朗的小房间让给了才女。十三岁的宋以朗,夜夜睡在客厅的沙发上,心生委屈。现在那间小房间已经改成卫生间,沙发依旧摆放在原先的位置上。

少年宋以朗的屋子里,张爱玲蜗居在那里,修改电影剧本《红楼梦》,吃着隔夜的俄罗斯黑面包,无日无夜。

几十年后,在美国,她还想起,窗子面朝山林,常有迷失的杜鹃鸟来啄玻璃窗。

山道上,私家车里,派对回来的名媛绅士,带着微醺的步态,揿了电梯铃,电梯咣当咣当地坠下去,又咣当咣当地奋勇上升,把人间的重量拖拽进一扇柚木的门里。旋即,天地间,重归混沌。

这样的情形,如此熟悉。是1944年上海爱丁顿公寓的移位,或者是复制了那些与姑姑、母亲在一起的日子。那些日子,如今都成了岁月,偶尔,如旧影断片,丝丝拉拉,搅动着心房,一阵阵,钝刀子割肉似的痛楚。

一个大家庭,唯一可以独享的空间便是阳台了。晚饭后,宋淇的太太邝文美来到阳台,故意延宕着莳花弄草的时间,歇息疲惫的身子和需要呼吸的灵魂。

张爱玲借居此地,夜半,也悄然来此托付心事。

命运自有定数。日后,张爱玲将遗产赠予了这里的主人宋淇和邝文美。

他们与张爱玲有类似的基因。

邝文美的父亲邝富灼,在哥伦比亚大学师范学院获得文学硕士和教育学硕士学位。1906年夏,任广州方言学堂、两广高等学堂英文教师。1907年,在学部任职。

1908年4月,应张元济的邀请,任上海商务印书馆编辑所英文部主任。1929年前后,他和编译所所长王云五产生嫌隙而选择退休。

邝文美毕业于上海圣约翰大学文学系,曾以方馨为笔名翻译了世界名著《睡谷传说》(*The Legend of Sleepy Hollow*)。

她的姐夫(姐姐邝文英的丈夫),曾经担任过宋美龄的秘书。其间,邝文英偶尔也参与帮忙打理秘书事务。宋美龄本也邀请邝文美担任私人秘书,被她委婉地推辞了。

张爱玲曾对邝文美说:"S. M. L要你这样的companion(实指私人秘书)而不可得,我倒可以常常同你在一起。你不情愿那样浪费时间,而情愿这样浪费时间。"

邝文美回答:"我从来不觉得是浪费!"

香港半山,邝文美家中的柜子里,还锁着宋美龄送给她的礼物——一套珊瑚首饰,有耳环、手链和戒指。

民国上海,宋淇和邝文美都是文化圈中的闻人,住在江苏路安定坊的花园洋房里。著名文人傅雷租住在宋家的二楼。手痒的时候,便去宋家弹钢琴。

宋淇的父亲宋春舫,一生传奇。他是王国维的表弟,

1911年入上海圣约翰大学，1914年留学瑞士，攻读政治经济学，并研究戏剧，精通英语、德语、拉丁语等多种语言。1916年，宋春舫回国，受聘为北京大学文科，讲授欧洲戏剧课程。"五四"时期在《新青年》等刊物上撰写了诸多评价外国戏剧新思潮、新观念的文章。1930年代初期起，宋春舫先后辞去了在外交部、法院和私人银行等处的职务，一心钻研戏剧。宋春舫亦爱惜有才华的人，对傅雷这样的房客，不求房租，只道是，房子空着也是空着，多一户人家，多一分人气。我多次拜访上海江苏路宋家的老宅。推门，上楼，踮起脚，望向那个栽种过玫瑰的花园，在失修的旧墙上寻找张爱玲笔下，傅雷砸了墨水瓶后，留下的淅淅沥沥的蓝墨汁渍。

张爱玲的小说《殷宝滟送花楼会》，写的是傅雷居住在宋宅时的一段婚外师生恋。张爱玲不喜欢这部作品，但文中对人物性格的刻画，传神、入木三分。

1952年底，张爱玲第二次来香港时，为谋生，去美国新闻处找工作。当时，宋淇和邝文美夫妇已在那里就职，他们给了张爱玲一个重要的机会：翻译海明威的《老人与海》。就此，张爱玲的生计有了着落。

为了省钱，张爱玲住在北角的女青年会。美丽娴雅的邝文美常陪她在女青年会的小房间里聊天，逛街，买衣料，或者拍照。有时，还煮了绿豆汤或者玉米，放在保温瓶里，下得山来，坐了公车，送到张爱玲的宿舍。很快，她们成为闺中密友。每到晚上8点钟，张爱玲便催邝文美回家。为此，张爱玲送邝文美一个雅号："8点钟的灰姑娘"。

在宋淇夫妇的关照下，张爱玲进入电影圈，靠写剧本赚钱。宋淇和邝文美为了让香港人知晓张爱玲，特地在自家安排谋划了张爱玲与著名影星李丽华的下午茶，延请记者报道。

当时，这些都不是张爱玲需要的。香港，只是她的一个驿站。她有更大的企图心。

1955年秋天，张爱玲搭乘克利夫兰总统号邮轮离开香港，前往美国。到码头送行的只有宋淇夫妇。离开后，张爱玲寄出一封六页纸的长信，向宋淇夫妇诉说："别后我一路哭向房中，和上次离开香港的快乐刚巧相反，现在写到这里也还是眼泪汪汪起来。"

此后，宋淇夫妇与张爱玲一直保持联系，义务为她打理出版等事务，可说是她的文学顾问、经纪人、秘书、新闻发言官。当初夏志清计划写小说史的时候，宋淇向他推荐了张爱玲。夏志清读了张爱玲的作品十分激赏，尤其认为《金锁记》是中国自古以来最伟大的中篇小说，从此奠定了张爱玲的文学地位。

张爱玲的第二任丈夫赖雅去世后，张爱玲避世孤居，唯与宋淇夫妇保持着联系。她总是寥寥数语讲述自己的境况，比如掉了身份证啦，生病啦，搬家啦，结婚啦。她送书给他们，扉页恭谨签上自己的名字，写上"to Mae and Stephen"（邝文美和宋淇的英文名）。

晚年的夜晚，张爱玲面壁，在心里只与邝文美说话，一说说到夜半。堕胎一事，她也只告诉了邝文美，而后者为张爱玲保守秘密终生。

更多的时候，张爱玲如一个无助的小女孩，依赖着宋淇夫妇。譬如做旗袍，买料子，找裁缝；做得不合适，寄回来，再改，领口几分，袖口几分，镶嵌宽边还是窄边，用缎子还是浅灰的麂皮；支票撕坏了转寄台湾重新开具，台湾的稿费换成美元，寄书寄药，寻找资料——张爱玲是连一块手帕都不会洗的大小姐，到了美国，束手无策，寸步难行，家道早已败落，唯有拿出母亲湖南人的那点勇敢去谋生。笃信天主、秉持博爱的宋淇和邝文美，成为她在这个世上少数可以托付、可以信赖的朋友。

张爱玲写给邝文美的几封信似可印证。

1956年8月19日,张爱玲写道:

"……买东西时,请顺便看看有没有像你白底黑花缎子对襟夹袄那样的料子,或银灰本色花的。如有雅致的花样,请你先替我买下来,我想做一件对襟棉袄,大致如那件旧的米色袄,而更肥短些。以后再画详细图样寄来,和那几件旗袍一同叫裁缝做来。"

1956年10月12日,张爱玲写道:

"滚三道黑白边,盘黑白大花钮。如果没有你那件那么好就买淡灰本色花的,或灰白色的,同色滚边花钮。黑软缎里子。那三件旗袍通通做单的。"

1956年11月16日,张爱玲写道:

"如果裁缝还没有做我的黑旗袍,请叫他把臀部放大,其他照旧——又,黑旗袍如还没做,请叫他改滚周身一道湖色窄边,如图。"

1957年3月24日,张爱玲写道:

"几时你如果再来店里看见你那件鲜艳的蓝绿色绸袍缎料,能不能求你给我买一件(短袖),买了请放在你那里,以后再做。"

张爱玲是,遇到对的人,行云流水,滔滔不绝。她给邝文美的信便是一证。摘录几段：

"事实是自从认识你以来，你的友情是我的生活的core（核心）。我绝对没有那样的妄想，以为还会结交到像你这样的朋友，无论走到天涯海角也再没有这样的人。隔了这些年，还定只要是大段独白，永远是对Mae说的。以前也从来没有第二个人可以告诉。"

"世事千变万化，唯一可信任的是极少数的几个人。"

"你没空千万不要给我写信，我永远像在你旁边一样，一切都可以想象。"

"有许多小事，一搁下来就觉得不值一说了，趁有空的时候便快写下来。"

"希望你一有空就写信来，但是一年半载不写信我也不会不放心的。惦记是反正一天到晚惦记着的。"

"好久没写信，但是没有一天不至少想起你两三遍，总是忽然到脑子里来一会，一瞥即逝。"

"我真怕将来到了别的地方，再也找不到一个谈得来的人，以前不觉得，因为我对别人要求不多，只要大家能够懂我一部分我已经满足。可是自从认识你，知道这个世界上的确有人可以懂得我的每一个方面，我现在反而开始害怕。"

"不要担心我想念你——因为我总归是想念你的。"

"不得不信心灵感应——有时大家沉默,然后你说出的话正是我刚在想的。"

"但愿你的一切烦恼都是小事故。"

张爱玲和宋淇、邝文美他们仨,晚年的通信,几乎就是一部病历史。

邝文美曾回信给张爱玲说:

"我们现在的想法是两人病后余生,今后的日子全是捡来的,能活到一九九七看看固然值得,否则也无所谓,镜花水月,只要有信心,天那头有人在等我们。"

宋淇夫妇处处以张爱玲的利益为最高利益。为了解除张爱玲的燃眉之急,他们以人格担保,提前为其预支高额稿酬。张爱玲忘事,写信给赖雅,悲情抱怨宋淇故意拖欠稿费,以至于她写剧本受累,眼睛出血云云。

这样的事情频繁发生。

1995年3月4日,张爱玲在给宋淇和邝文美的信里写道:

"我记性坏得会忘记《红玫瑰与白玫瑰》卖过电影版权,害 Stephen 力疾写信来告诉我,我真内疚。"

1995年7月25日,距离张爱玲辞世一月余。

张爱玲给宋淇和邝文美写了一封长信,除了描述为了躲避跳蚤而四处逃离、顾此失彼、精疲力竭外,对自己又一次的错误记忆表示了歉意:

"以前信上说过《对照记》另签合同,像是卖断,连港版都没有,那是错怪了皇冠。"

张爱玲也在信中评点其他作家,其中不乏尖刻之词。宋淇夫妇坚守秘密,从不曾对外界有所披露。

父母过世后,宋以朗接手打理张爱玲的文学遗产。他以统计学的专业能力,将凌乱的资料分门别类,一一归档,免费翻阅。

从2008年起,我常去香港拜访宋以朗先生。

半山,奶油色老式公寓。窗外,一串一串的蔷薇,挂在白色的墙肩上。暮春的午间,细细的风里,落红点点;大树梢头,偶尔飘来一丝淡香,是张爱玲记忆中的味道。

特地选了一瓶粉色香槟,邝文美喜欢的颜色。邝文美曾经不遗余力地把指甲染成粉红的,把盥洗室的浴缸、浴巾、肥皂盒、拖鞋、窗帘等,全部布置成粉红天地。

坐在餐桌边,把法国香槟放在桌上。这张铸铁镂花餐桌,1949年从上海运来香港。随船的还有宋以朗,那时,宋以朗刚满月。曾经,在这张桌子上,张爱玲与宋家的人一起吃水煮玉米和百合汤。

宋以朗的父母——宋淇和邝文美是延续张爱玲传奇的推手；这间客厅，已然成为张爱玲的秘籍档案馆，随意检出一封信，都可能在文坛荡起一阵波澜。但是不敢问，觉得唐突和造次。宋以朗学过心理学，自然一眼看穿，他总会在我欲言又止的时候，拿出一个塑料文件夹，里面或是张爱玲没有发表的信件，或是张爱玲写了一半的手稿。记得有一次，他出示了一份《上海懒汉》的剧本提纲，零零落落的字句里，体悟出张爱玲渴望在美国文坛成功的强大欲望和努力。

对于祖父的经历，宋以朗腼腆一笑道："很复杂，讲不清楚的。"

问起小说《色·戒》的创作。

宋以朗起身，拿出一个文件夹，是1977年4月，张爱玲给宋淇的信。信中，画了一张南京西路的方位图，平安大戏院、第一西比利亚皮货店、凯司令咖啡馆、常德路。她要把作品中的王佳芝安排在那里，然后执行暗杀任务。离开上海久远，一些认识已经模糊，她把街道的方向完全弄颠倒了。

宋淇回信，也画了一张地图，纠正了张爱玲方向性的错误。建议刺杀当天,把刺杀组织的负责人安排在平安大戏院,平安大戏院里的咖啡馆叫什么名字,宋淇也认真地写在信里。

刺杀的场所安排在首饰店、钟表店,还是服装店?

宋淇和张爱玲颇费了一番思量。

宋淇提供了很多意见。一来一去的信中,探讨了王佳芝的刺杀动机、刺杀情节的安排、人物的心理活动,包括在哪一家馆子里请客吃湖南菜都一一坐实。

《色·戒》最后一句台词"不吃辣的怎么糊得出辣子",完全是宋淇的灵机一动。

其时,宋淇正胃出血,累了,写不动了,夫人邝文美接着写。宋淇写完的文章,邝文美润色、修改,使得文风更加接近张爱玲的味道。

遇到有人批评张爱玲,邝文美如同自家的小孩被欺负了一般,心急火燎,恨不能提一把剑去格斗。毕竟是好人家的淑女,懂得规矩的,隔日,在文字里兜兜转转,见招拆招,为张爱玲澄清事实。其中,《羊毛出在羊身上》一文,便是情急之下,由宋淇执笔、邝文美修改、张爱玲过目后发表的。张爱玲重回中文舞台,梅开二度,枝繁叶茂,宋淇和邝文美是大幕后的导演,有目共睹,功不可没。

1976年2月26日，宋淇写信给张爱玲：

"於梨华来信说《星岛日报》美洲版又改变了主意，本来说副刊暂时不出，所以我就将《私语张爱玲》给了《联合时报》和《世界日报》（美国版的《联合时报》由平鑫涛主编）同时发表，香港则在《明报月刊》发表（并不是我自己想写文章，而是借此机会拿你又制造成讨论的对象）。"

宋以朗说，不了解张爱玲和宋淇、邝文美夫妇间的友谊，便很难理解她将遗产留给这对夫妇的举动。由宋以朗主编的《张爱玲私语录》呈现了他们迄至死方休的友情。

宋淇、邝文美夫妇是虔诚的基督徒，他们和张爱玲的感情，是一种生命的联系；高山流水的慰藉和喜悦始终弥漫在他们存世的那个时空，在那儿，一直都在。

那个下午，坐在宋家的餐桌前，阅读张爱玲与宋淇夫妇的通信，读到暮色熔金。

后山，岚气缭绕，浓荫里，山石榴毫无顾忌地绽放，艳而不俗的妩媚，那是张爱玲的颜色。

林子里，杜鹃鸟儿高昂地鸣叫着，一声紧接着一声，有缅怀在里面。听着,不觉心头一阵阵地痛惜。

张爱玲、宋淇、邝文美,如此美好的人儿,怎么就没了呢?

"可堪孤馆闭春寒,杜鹃声里斜阳暮。"

纽约结婚,堕胎

与母亲一样,她总是在逃离。

1955年秋天,张爱玲夹杂在一群难民中,从香港出发,乘克利夫兰总统号,驶向一片未知的大陆。船才离开码头,她的眼泪便成了断线珍珠。那眼泪无法形容,也无处安置;那眼泪又似曾相识——

是1947年,她去温州探望逃亡中的胡兰成。胡兰成见到她,无久别的惊喜和落难中的依偎,却担心暴露了自己的行踪,恰又有朋友家的寡妇在旁以夫妻相称,便催迫她赶紧离开。

那一日,当她登上回上海的船,亦是泪流不止。她知道,她和他终结了。数月后,胡兰成接到张爱玲的来信:"那天船将开时,你回岸上去了,我一人雨中撑伞在船舷边,对着滔滔黄浪,伫立涕泣久之。"

独自一人在海船上，忽然听见人声喧沸，出得舱门，只见金门大桥，云雾之下，桥塔高擎着钢索，如一尊巨型的红色卧佛。

那一刻，她在上海的辉煌被宣布过期作废。

但是她心里有梦。她要在英语世界，做一个女版的林语堂。

辗转，她到达纽约。拜见胡适后，进入麦克道威尔文艺营。

早在1896年，美国作曲家爱德华·亚历山大·麦克道威尔（1860—1908年）便有一个信条，即艺术具有连贯性。对作曲家和听众来说，将多种艺术美感融为一体是重要的。作为哥伦比亚大学音乐系的奠基人，麦克道威尔一直大力主张建立这样一个综合的艺术科系，但他的这一想法并未得到哥伦比亚大学的支持。为了实现梦想，1907年，麦克道威尔和妻子，在新罕布什尔州的彼得堡（Peterborough）设立了以他名字命名的艺术社团"麦克道威尔文艺营"（MacDowell Colony）。

麦克道威尔文艺营坐落在新罕布什尔州的群山密林之中，占地四百二十英亩，由四十多栋别墅、工作室、图书馆等建筑群构成。文艺营的设想是，赞助有才华的文学

2014年10月,纽约,听张爱玲的校友、著名学者董鼎山先生讲述与张爱玲在纽约见面的情形。一年后,董老去世

家和艺术家，暂时摆脱世俗的干扰，在纯粹的环境下从事创作。

1956年。寒冬。零下二十三摄氏度。

雪花无声地飘落着，把文艺营做成了一个童话里的城堡。

张爱玲来这里，带着强烈的成功欲望，创作她的英文小说《粉泪》。

3月13日，张爱玲遇见了作家赖雅。

赖雅是德国移民的后裔，毕业于哈佛大学，年轻时显露出耀眼的文学才华。他个性丰富多彩，知识包罗万象，谈吐优雅幽默，处事豪放落拓。他曾经如海明威一般，远离美国，在欧洲做记者，也在好莱坞做过风头很健的编剧，乐于无偿地帮助他人。今朝有酒今朝醉。他结过一次婚，有一个女儿。他不适应婚姻的束缚，便与女权主义者的前妻解除了婚约。以后的岁月里，他结交过不少美艳的女子，但不再愿意编织婚姻。

中年，摔断了腿，并数度中风，人生走入下坡道。

经济拮据，申请进入文艺营，过一天，算一天。

4月1日，他们并肩在营地的餐厅共享节日大餐。

几天后，张爱玲将已经出版的英文小说《秧歌》拿给赖雅阅读。赖雅对张爱玲小说《粉泪》结构提出了建议。

张爱玲对年轻的男子没有感觉,只对中年以上的大叔产生激情。那是女性的本质:女人要崇拜才快乐,男人要被崇拜才得意。遇见中年男子,就是遇见了毒药,她也总是第一个落水。

5月12日,赖雅穿着雪地靴,轻叩张爱玲闺门。静的夜,轻轻地叩门居然有回响。

文艺营,现世的避难所。

孤男寡女,一个潦倒,一个寂寞,没有别的选择,也没有太多的思量,赖雅张开手臂,拥抱了张爱玲,宽厚的胸膛,如同一床柔软的羽绒被,那是胡兰成没有的体魄,张爱玲在赖雅的怀抱里陷落。他们的身体被唤醒,他们循着人性的本能潜行,一个无底的深渊,一种荒原的饥渴。

六十五岁的赖雅,身体依然健硕。张爱玲顺从。此刻,她需要。她放任他的行为,她的身体已经荒芜了多年,她享受着赖雅巨大身躯的包裹。

赖雅以缓慢的方式,无限地拖延,手法细腻,声东击西,他是熟悉女人的路径的。终于进入,占据了她一切的白色冷淡。她温暖起来,两人之间没有了界限,她搁开了她的矜持和克制。

破晓时分,她发出绵长的幽远的呼唤,那声音,于她自己都是陌生的——肆无忌惮,毫无羞涩,充满欢愉和凯旋的意味。

赖雅把这个黄皮肤的中国贵族后裔,送到了女性生命的巅峰。

那是久违的深刻的抵达。

她记得,她二十四岁生日的那一晚,在胡兰成的床上,那亘古魅惑的经验。

到达女人内心的通道是阴道。他变成温润的蛇,在洞穴里潜行,越钻越深;她像自甘的奴隶,让他进入,直到流血、哭喊、灵魂失色、血肉模糊,才能感觉到活着,感觉到她此时的存在。

片刻窒息。

只有一次,张爱玲把两个男人叠合在了一起。

男人在女人身体上刻下的记忆比情感更深刻,是刺青,无法抹去。

那一晚,张爱玲酣梦。因为有了安全感。

那一日,赖雅在日记里写:

"Went to the Shack and Shacked up."意思是,去小屋过夜。

雪静静地落下,自有自己的形状,拥抱治愈了孤单。他们彼此取暖,彼此成为彼此的粮票。赖雅在文艺营的期限是5月14日,期满后,他将居无定所。

张爱玲去车站送别。她给了赖雅一些现金,作为道别的礼物。赖雅很感动。大约,从来不曾有女人如此慷慨。

张爱玲在文艺营的限期是6月30日。

7月5日,赖雅在萨拉托卡泉镇收到张爱玲的来信,信中说,她怀了他的孩子。

赖雅离婚后,三十年来,一直回避婚姻,接到张爱玲的信,一番掂掇之后,赖雅觉得,如果不与张爱玲结婚,将是不道德的、非绅士的。他立即写信向张爱玲求婚,并冒雨寄出了这封求爱信。

两天后,张爱玲到达小镇,他们在一家别致的餐厅用了晚餐。上甜点的时候,他们进行了认真的谈话。

赖雅当面向张爱玲求婚,并明确表示,不要孩子。这种近似摊牌的谈判态势,对张爱玲的尊严是伤害的。

但是,来不及多想了。谁主动,谁就更被动。张爱玲同意了赖雅的决定,并为这顿重要的晚餐付了账单。那一年,她三十六岁,他六十五岁。

张爱玲与第二任丈夫赖雅

那时，堕胎是违法的。

张爱玲的好友炎樱曾经对学者司马新说，1956年间一天，张爱玲去找她，说她怀孕了，并说："你知道我讨厌小孩。"（You know I hate children.）

炎樱愕然。因为几个星期前，1956年8月18日，她刚刚做了张爱玲第二次婚姻的伴娘。

张爱玲道："赖雅也不想要这个孩子。我们都没有能力来抚养孩子。"

炎樱问："你想怎么办？"

张爱玲道："堕胎。"

炎樱惊恐："在美国，人工流产是非法的。"

张爱玲道："我知道非法。你要替我想办法。"

炎樱道："我有什么办法？我也刚来美国。"

两个人沉默着。

炎樱终究拗不过张爱玲。第二天，她悄悄把自己的女上司约出来喝咖啡，道出了张爱玲的困境。

女上司道："你们两个大妞儿，连这些事也不懂？避孕的方式很多呀！"

女上司迟疑半响，终于给了一位医生的电话，再三关照，不能道出她的姓名。

炎樱将医生资料交给张爱玲后,就不再提起此事。因为太隐私了,她不想知道得太多。

纽约,张爱玲喜欢的城市。

他们租借了别人的公寓。

赖雅拿着斧头道:"如果医生对你不敬,我杀了他!"

他居然还有心情开玩笑。

壁炉里的松枝溅出点点的火星子。她想起上海,住在静安寺,全城戒严,也是冬天,姑姑去朋友家了。她一个人在家里,冷得不行,便生了一个炭盆子,那个乱世——浮世的快乐比浮世的悲哀更可悲。她的欢乐里,永远夹杂着一丝心酸。

医生来了。已经四个月了,担心打不下来。万一打不下来,只能大卸八块了,也许要刮宫。

张爱玲一时乱了方寸。

医生给她注射药物的时候,她想起了中国的一部小说《歇浦潮》,那里面,也有用药引子堕胎的细节。

张爱玲躺在床上,等候那个时刻的到来。她浑身火烧火燎,烫伤了一样,难以自持。张爱玲拿出就义的姿态,她唯一可做的事情就是祈祷了!

门楣上,啄木鸟的挂钟嘀嘀嗒嗒。张爱玲平平地躺在床上。窗外,警车呼啸而过。

一直没有动静,张爱玲惶恐万般。赖雅在对街买了一只烤鸡做晚餐,问张爱玲要不要吃一点?

张爱玲拒绝了,她觉得恶心。

翻江倒海,有什么事情已经发生了。

上帝啊!出来了,一个男孩!一双眼睛大得不合比例,大约是赖雅的基因,就这样眼睁睁地看着母亲张爱玲。

张爱玲一向对于小孩是尊重与恐惧的。倒不是因为"后生可畏"。多半他们长大成人之后也都是很平凡的,还不如老一代也说不定。父母大都不懂得子女,而子女往往看穿了父母的为人。自我牺牲的母爱是美德,可是这种美德是兽祖先遗传下来的,家畜也同样具有——我们似乎不能引以自傲。本能的仁爱只是兽性的善。我们的精力有限,在世的时间也有限,该做的事又有那么多——凭什么我们要大量制造一批迟早要被淘汰的废物?我们自己是要死的,可是我们的种子遍布于大地。

张爱玲从来不想要孩子,如果有了孩子,那孩子一定对她很坏,替她的母亲报仇。

容不得多思量,张爱玲起身下床,怀抱婴儿,恍恍惚惚,摇摇摆摆,身子薄如一张宣纸;脸色惨白,如日本艺妓。到得卫生间,粉红色的一个肉身,足有十英寸长,笔直地立在白瓷壁上,恐怖到极点的一瞬间,她扳动了坐便器的冲水把手,以为冲不下去的,竟在波涛汹涌中消失了。消失了——毁尸灭迹,花了四百美元。

有什么东西,在张爱玲内心底层破碎了。是的,她听见了破碎的声音,那是还来不及建立起来的母爱。

张爱玲不要孩子!不要做母亲!萧红也是这样的。她们生于这世界,没有一样感情不是千疮百孔的。

《对照记》里,有一帧张爱玲童年的照片,她母亲为这张照片着了颜色。

张爱玲说:"生命可以无限制地发展下去,变得更坏、更坏,比当初想象中的不堪的境界还要不堪。将生命尽情地演出,不在乎别人的掌声。我喜欢自己三岁时怀疑一切的目光。"

10月,等张爱玲基本康复后,他们选择定居在新罕布什尔州的彼得堡镇。张爱玲是城市动物,她喜欢摩登繁华的纽约,但是太贵,负担不起。

彼得堡的公寓发现蚂蚁,有洁癖的张爱玲买来杀蚁剂奋力喷杀,赖雅因此给她起了一个绰号:杀蚁刺客。

这个细节,是一个前兆。

日后,赖雅去世,张爱玲患上了严重的昆虫恐惧症。

婚姻关系中,他们俩的位置是,赖雅持家,张爱玲养家,主要的消遣便是咖啡和电影——中年人平稳素朴的日子。

浪迹天涯多年的赖雅似乎十分享受重新开始的家庭生活。

旧金山，静好岁月

整部《诗经》，张爱玲独钟爱这节："死生契阔，与子成说；执手之手，与子偕老。"

2014年秋天，在网上预订了一家酒店，因为张爱玲的旧居就在附近——布什街125号25室。一栋"二战"前的红砖房子。

1959年春天，张爱玲和赖雅搬入这套公寓。

张爱玲满心欢喜，系上围裙，用细细的胳膊，爬上爬下，勤勉打扫，她不能忍受前任房客留下的些微痕迹。

加州的阳光具有治愈机制。赖雅在附近租了一个小办公室，开始了停顿许久的剧本写作。

张爱玲接受委托，把《狄村笨伯》改写成电影，稿费为一千五百美元；通过宋淇夫妇和麦肯锡的帮助，继续为美国新闻处做翻译。

张爱玲的作息晨昏颠倒。

赖雅怜香惜玉,每天一早出门去自己的小办公室坐一坐,整理以前的文稿。中午时分,他去面包店买了食物回到公寓,煮咖啡,做意大利面,然后唤张爱玲起床。下午,他们或去散步,或去看电影。晚上,张爱玲伏案写作。赖雅总是她的第一个读者。

1959年8月14日,第三个结婚纪念日。他们决定庆祝。

下午,他们步行至唐人街,选购中国点心,又在意大利区买了奶酪和咖啡。回家后,他们细细地品尝中外食品,品尝婚姻生活的温馨平和。随后,他们穿上正装,去看电影《桃色凶案》(*Anatomy of a Murder*)。电影散场后,他们在托尼咖啡馆以咖啡和蛋糕结束了这个纪念日。

执子之手,唤起了彼此人生的亲切和安稳。

1959年11月,张爱玲收到了美国入籍通知。

一个复杂的过程。这个过程耗时八个月——身份危机解除了。

1959年12月,张爱玲收到炎樱的来信。信中告知张爱玲,《粉泪》未被出版商接受。

读罢此信,张爱玲当场泪崩。她的状态,如同一只雨夜被人抛弃的小猫——英语文坛拒绝了她。如此沮丧的情绪，一直延续到了圣诞节。

1960年7月，张爱玲取得了美国公民身份。这是这个婚姻给她的福利。

他们外出，享用了一顿丰盛的午餐，还买了鲜花，插在客厅的花瓶里。

这一年，张爱玲生日的那天，她要求赖雅陪她去看脱衣舞，且看得津津有味。赖雅揣测，她是为写作在寻找灵感。

在这栋公寓里，他们还招待了德国著名的剧作家布莱希特。

张爱玲在《重访边城》一书中提及在旧金山的日子。文章中说，公寓楼下是布什街，走两个街区就是唐人街。她经常与赖雅去唐人街买豆腐、酱油，约了美国女友在小花园聊天吃甜品。有时，一个人，在广东人的馆子里喝茶发呆。

2014年9月，我在唐人街上闲逛，满街都是广东话和穿着拖鞋的老华侨。中秋了，有人在老字号饼店门前排队买月饼。

我加入了买月饼的队伍，且一再回头，在熙熙攘攘的俗世里寻找张爱玲的旧影。

9月的旧金山,到了夜里,也还是冷。

在酒店卧房的壁炉前,地毯上,喝纳帕红酒,奶油黄的壁纸上,倒映着剪影,鲍威尔街上的有轨电车,叮叮当当,从酒店的窗下、从张爱玲的窗下驶过,身后的铁轨,如两条冰冷的银蛇弯弯曲曲。

赖雅的女儿回忆说,赖雅狂热地爱着张爱玲。

这是张爱玲最温暖的一段日子。执子之手,白头偕老,平凡夫妻的终极目标。然张爱玲不甘心,她要实现她的天才梦,她要重返往日的辉煌。

《粉泪》被出版社退稿后,张爱玲意识到她的题材不符合美国人的口味。她希望寻找新的写作资源。在她的心里,有一个故事渐露分明:张学良和赵四小姐,一个中国版的"洛丽塔"故事。她决定去台湾采访被软禁中的张学良和赵四小姐,然后去香港,创作《红楼梦》电影剧本。

瞒着赖雅,她预订了船票。

1960年7月12日,张爱玲在美国旧金山宣誓成为美国公民之后,她宣布了她的行程。

赖雅是一个单纯的人。张爱玲的举动对赖雅的打击,远远超出了张爱玲的预料。赖雅觉得被抛弃了。赖雅决定搬到女儿的城市。搬家途中，赖雅中风。赖雅的身体状况至此断崖似的下滑。

管不了许多了，文学成功才是要义。除此，她别无所长。

1961年秋天，张爱玲踏上台湾岛。她在台湾的拥趸者无数。采访张学良未果，但并不影响张爱玲的兴致。

在台湾花莲采风途中，张爱玲接到赖雅中风的消息，心中不免慌乱。待知道赖雅病情平稳，便仍按原计划去香港写电影剧本。香港的剧本创作并不顺利，甚至差点葬送了她和宋淇夫妇的友情。

雄心勃勃的启程，但是命运却很吝啬。这个行程，成了伤心之旅。也许，她在上海，已经用完了她所有的运气。

1963年3月，张爱玲根据访问台湾、香港的经历写了英文游记《重返边城》(*A Return to the Frontier*)，发表于美国杂志《报道者》(*Reporter*)。此文在台湾文学界，引起了极大回响。但是她准备拿来重新进军美国文坛的《少帅》，却不如愿。她越了解张学良，便越是不喜欢这个人，连同赵四小姐，亦是不喜。笔涩，如同上海的黄梅天气，她不得不放弃了。

他死了,她还活着

张爱玲和赖雅,结婚后维持着最低限度的生活。张爱玲对左翼思想毫无兴趣,赖雅却是激进的社会主义者。两人的共同点只有一个:都没有固定收入。他们经济拮据到连买床单窗帘都成了奢望,但他们始终相依为命,一直持续到赖雅去世。赖雅瘫痪在床时,各种生理失禁,张爱玲努力伺候。那个患有严重洁癖的贵族小姐已经不复存在。高贵揉碎在市井,低微如尘,狼狈不堪。

困顿无望沉重的日子,磨损了天才的生命和激情。张爱玲心属的创作锐减,英文作品无处发表。

她开始寻求学院的研究经费。

1967年4月,张爱玲以翻译晚清小说《海上花列传》的项目,获得美国马萨诸塞州剑桥瑞德克里夫女子学院驻校作家的位置。她带着瘫痪的赖雅一同上路。

到剑桥后,他们住在布拉图街 83 号 45 室,署名爱玲·张·赖雅。

不远处是诗人朗费罗的故居。穆旦曾翻译过他的诗。

同年 10 月 8 日,赖雅去世,享年七十六岁。

走笔至此,想起一句歌词:"谁来陪这一生好光景"。

时隔四十八年,也是 10 月,我从新奥尔良机场出发,去波士顿。

中午时分到达波士顿机场。

哈佛大学的宗蔚冰女士已等候多时。

草草吃了汉堡,便驱车去哈佛大学。

哈佛大学,关于张爱玲的档案如斯:

"赖雅太太 1941 年在港大的教育被战事中断,从此译述不断,有两个短篇小说集和散文等无数中文作品,《赤地之恋》及《秧歌》两部英文小说完成于 1955 年,现致力英译 19 世纪的《海上花列传》,她与她的作家先生赖雅居于剑桥。"

这一年,她的英文版《北地胭脂》在英国出版,反响不佳。从投稿到最终出版,间隔了十年。朗费罗说:"只要在门上敲得够久,够大声,终必会把人唤醒。"

张爱玲没有大学文凭；在美国，靠写作难以维持生计。先后在几所大学任职，因不喜交际也不善做研究，都以离职而收场。张爱玲数度在信中提到自己和周围同事相处不融洽的状况。

1969年1月3日，她在信中告诉夏志清教授在学院的情形："我又不太会做人，接触虽少，已经是非很多，不但不给介绍什么教授，即使有人问及也代回掉，说我忙。"

1969年4月1日，她只宣读了一篇《中国翻译作为文化影响的桥梁》为题的英文论文，并未交出英译稿《海上花列传》。学院不再续聘。

张爱玲在《天才梦》一文自剖："在待人接物方面，显露惊人的愚笨。"

赖雅过世不久，1968年7月，一个有雨的夜晚，向来不轻易见人的张爱玲，接受了台湾记者殷允芃的访问。这是她生命的一个安排——她要有一个新的开始。1947年，在上海，她与胡兰成离婚之后，很少出世的她，也是四处运作，有过一番非同寻常的举动。

是夜，雨势稍歇。

殷允芃和同伴王青云撑着伞，心中惴惴然，因为"张爱玲是向来不轻易见人的"。

进得门，但见起居室，一个小小的书架，摆着半壁英文书，右边一本《红楼梦》、窗旁的书桌上，散乱着剪报，一本翻开的《红楼梦》，一张所得税的表格。

张爱玲说："我喜欢纽约，大都市，因为像上海。郊外的风景使我觉得凄哀。坐在车上，行过旷野，渺无人烟，给我的感触也是一种荒凉。我还是喜欢走在人多的地方。"

她认为人生的结局总是一个悲剧，但有了生命，就要活下去。人生，是在追求一种满足，虽然往往是乐不抵苦。

写作对于张爱玲或许也就是一种满足。

她对两个仰慕她的女生说："只要我活着，就要不停地写，我写得很慢。写的时候，全心全意地浸在里面，像个怀胎的妇人，走到哪儿就带到哪儿。即使不去想它，它也还在那里。但是写完后，我就不大留意了。"

十三岁时，在教会学校的图书馆，张爱玲从书架上取下一本萧伯纳，从此接触到西洋文学。

世界时时刻刻在改变，人的看法也随时会变。因而她的小说，只有在刚完成时，她才觉得满意，过久了，再看，就又不喜欢了。

"以前在上海时，"她笑着回忆，"每写完一篇小说，我总兴高采烈地告诉炎樱（她的锡兰女友）这篇最好。其实她又是看不懂中文的，听我说着，总觉得奇怪——怎么这篇又是最好的啊？"

一个作家，如果一味模仿自己早期成名时的作品，是件很悲哀的事。譬如海明威的晚年作品，她说，漫画似的，竟像是对以前的一种讽刺。她自己也没能挣脱出这个巫言。

她认为写小说最重要的是，对所写的事物有了真感情，然后才下笔写。她对一般所谓的研究工作，不太有信心，也多少是因隔了一层，较难引起自发的情感。写《秧歌》前，她曾在乡下住了三四个月。那时是冬天。"这也是我的胆子小，写的时候就担心着，如果故事发展到了春天可要怎么写啊？"

《秧歌》的故事，在冬天就结束了。

这段农村经历，推测是1946年旧历春节，去温州探望胡兰成的过往。

现代小说或是趋向于平白直叙的历史记录，或是抽象难懂的诗。如果可能的话，小说应避免过分的晦涩和抽象。作者应该尽一份努力，使读者明白他所要表现的。而且一个小说的故事性,也仍然需要保留。

"好的作品是深入而浅出的,"她说,"使人在有兴趣地往下看时,自然而然地要停下来深思。"

她说她看书没有一定的系统或计划,唯一的标准,是要能把她带入一个新的境界,见识新的事物或环境。因而她的阅读范围很广,无论是劳伦斯、亨利·詹姆斯、老舍或张恨水,只要能引起她兴趣的,她都一视同仁地看,没有兴趣的,即使是公认的巨著,她也不去勉强。

她坦然说:"像一些通俗的、感伤的社会言情小说,我也喜欢看的。"她最近的小说《半生缘》,就是她在看了许多张恨水的小说后的产物。像是还债似的,觉得写出来一吐为快。"但是我写《半生缘》的时候也很认真,我写不来游戏文章,就算当时写得高兴,写完后就觉得不对,又得改。"

"我是孤独惯了的。"

她说:"以前在大学里的时候,同学们常会说——我们听不懂你在说些什么。我也不在乎。我觉得如果必须要讲,还是要讲出来的。我和一般人不太一样,但是我也不一定要求和别人一样。"

"我常常觉得我像是一个岛。"说着,她习惯性地微扬着头。斜斜地看去，额上映出的单纯与平静，仿佛使人觉得，她是在岁月之外的，她是最最自由的。

那天，她穿一件无袖的宝蓝短旗袍。

她的语态，缓慢优雅，若有所思。

她自己说她的动作是很笨拙的。可是她起身时，会小心地整理下摆，行动起来风韵绰约。

说话间，她热心地走进走出，为两个女生张罗茶点。煮了浓咖啡，搬出核桃甜饼、花生米，还上了两杯白葡萄酒，可是却找不到咖啡勺。

她抱歉道："真对不起，汤匙都还放在箱子里没打开。反正也在这儿住不长久的，搬来搬去，嫌麻烦。"

那时她在剑桥已经住了一年多。《海上花列传》已经翻译了约全书的三分之一。

她认为，以现代的眼光来看，《海上花列传》也仍然是一部很好的中国小说。那是第一部用苏州话写成的小说，出版于1894年。但她也不确定，西方读者们是否能接受这本曾经两度被中国读者摒弃的书。

"可是，"她加了一句，"做哪一件事不是冒险的呢？"

她也正在写着一篇有关《红楼梦》的文章，同时她还打算把十年前就已开始着手的一个长篇，重新整理一番，继续写完。

后来,这个关于《红楼梦》的文章写成了一本书——《红楼梦魇》,那个长篇很可能就是自传体英文小说《易经》。

遇到对的人,她健谈,滔滔不绝,天南地北。

命运的深寒后,她用文学打捞自己。

出得张爱玲的公寓,已是午夜。两个女孩子激动得不行,因为见到了女神。她们一路跑着跳着赶上了最后一班开往波士顿市中心的地铁。

世人都道张爱玲不见人。鹿桥先生认为,张爱玲是把握了见与不见的时机。

如这一次的见,便是一个时机,是张爱玲人生的一个节点,她在采访中释放了诸多信号。

波士顿寡妇,《红楼梦》,瓦尔登湖

2014年9月23日的黄昏,披着羊毛围巾,穿着在圣路易斯买的跑步鞋,经过哈佛大学法学院的草地,经过百年橡树,站在马路这边,单只是看见矮墙上,那块刻有瑞德克里夫女子学院的铭牌,便已狂喜不已,碎步跑过去,先就站在院门口拍照,一种担心失去的不安。

学院的建筑,清水红砖镶嵌着白色的线条,有着英国剑桥大学"重写本"的风格,是对剑桥大学建筑的整理、重写、混搭。喷泉四周安置着长椅,《小妇人》这类书的场景。引路的宗蔚冰女士,顺势往长椅上一靠道:"张爱玲很幸运,她走了没多久,瑞德克里夫女子学院就跟哈佛大学合并了,没有了。"

1967年10月8日,张爱玲到马萨诸塞州剑桥只几个月,赖雅去逝。年薪由五千美元减少为三千美元。1968

1967年10月8日,在瑞德克里夫女子学院,张爱玲为第二任丈夫赖雅送终。年薪由五千美元减少为三千美元

年8月底,张爱玲从45室搬到"同宅较小的"43室。所谓"一间房的公寓",为了节省开支。

苍茫时刻。

她顶着赖雅的姓氏,把自己做成了波士顿的中年寡妇。

四下张望,似乎要找出赖雅和张爱玲在这个院子的蛛丝马迹——她会把赖雅葬在橡树下面,还是把他藏在中国的青花瓷瓶里?

赖雅死后,张爱玲拍过一张照片。齐耳的短发,光洁的额头,一缕碎发垂在颈间。

那一年,她四十七岁,急景凋年,一连串的蒙太奇。

岁月如杀猪刀,刀刀见痕,毫不手软。

但她用一抿嘴的浅笑,挽住了荒芜。

张爱玲小说中早有预言:"人生是残酷的。看到我们缩小又缩小的,怯怯的愿望,我总觉得有无限的惨伤。"

暮霭四合,刚下过雨,小径上湿漉漉的。想起一句诗:我们全部的记忆中,最珍贵和残忍的,是骤至而短促的夏雨。

起身,去哈佛燕京图书馆。

在一排书架里,抽出我的繁体版《她的城——张爱玲

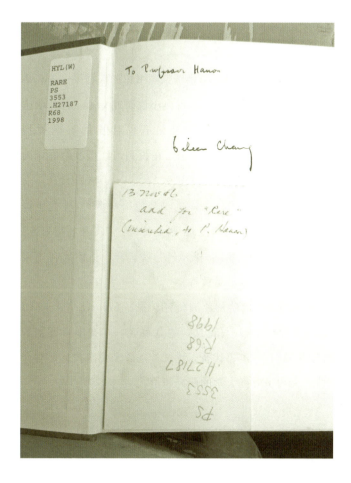

哈佛大学燕京图书馆收藏,张爱玲赠送给韩南教授的《红楼梦魇》签名本

地图》。封面上,张爱玲旗袍红唇标准照,一如张曼玉在电影《花样年华》的气质。

1968年深秋,也是哈佛燕京图书馆的底楼——古典小说的书架旁,张爱玲与中国古典小说研究专家、曾任哈佛东亚系主任、哈佛燕京学社第五任社长的韩南教授(Patrick D. Hanan)不期而遇。在说到《红楼梦》时,两人都有高山流水之感,相谈甚欢。

她说很有兴趣阅读韩南的《金瓶梅探源》。他们也谈起她翻译的《海上花列传》。张爱玲说:"《海上花列传》真是好!像《红楼梦》一样好!"就这样,他们倚在书架旁半叙半咏,不觉已是黄昏。

韩南邀她给《哈佛亚洲研究学报》(*Harvard Journal of Asiatic Studies*)写论文,她竟写成一本文学考证集子《红楼梦魇》,一本书代替了论文。她后来几次找韩南写介绍信,大约是应征大学的研究职位。

1969年春,素来幽居的张爱玲,邀请韩南夫妇到剑桥布拉图街83号43室——她的公寓晚餐。席间张爱玲赠送韩南英文版《北地胭脂》(*The Rouge of the North*)。

灯下,张爱玲从母亲的箱底选了一个绣花荷包,赠予

李鸿章的女儿、张爱玲祖母留下来的绣花荷包,金线织锦,重重叠叠的花卉中,一只红冠雄鸡闲庭信步。现珍藏于加州大学伯克利分校图书馆

韩南夫人。那是李鸿章女儿——她祖母的家传：双面金丝线的底子，重重叠叠的花卉中，一只红冠白羽的雄鸡，闲庭信步。

韩南说，那个春天他们都很忙，等到打算回请张爱玲时，她已离去。

1967年1月间，张爱玲写信给庄信正道："我趁这时候借书方便，写几篇红楼梦考证。"

1977年，《红楼梦魇》出版，张爱玲特地寄给韩南教授。

2005年夏和2006年春，韩南来到燕京图书馆，将张爱玲的绣花荷包和有她手迹的珍本书《北地胭脂》《红楼梦魇》等交给学者张凤女士，托请她为这些珍贵的物件找一个好去处。

如此郑重其事的委托，张凤不知如何是好，生怕闪失贻误。多方咨询，几番思量后，加州大学伯克利分校东亚图书馆周欣平馆长决定永久珍藏李鸿章家族的绣花荷包；哈佛燕京图书馆珍藏张爱玲签名且亲笔订正过的《北地胭脂》和《红楼梦魇》。

2014年9月24日，宗小姐放下手里的工作，陪我去盛产文化巨人和怪人的康科德镇。

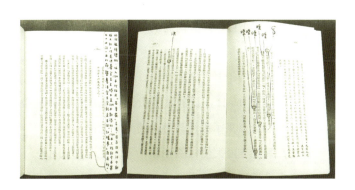

赠送给韩南教授的签名本里,留存着张爱玲批改的手迹

这个小镇上，居住着思想家、文学家爱默生，哲学家、诗人梭罗，《小妇人》的作者奥尔科特，《红字》的作者霍桑。

车子开出哈佛，公路两边的树叶开始泛出秋意的红色，只是十分迟疑，一种半推半就的态度。

追魂旅，片片落叶堆损。

一栋白色的小楼，路旁高高的一块牌子，署名爱默生故居。

站在门口的小径上，悲欣交集。

1995年9月15日，新加坡璧山区，我居住的公寓楼下，一个小书店，买了张爱玲翻译的《爱默生选集》。

随后，我去美国大使馆签证。

签证官看了资料，进去倒了一杯咖啡出来，在护照上盖了一个黑色的拒签印章。

与张爱玲、与爱默生相遇的这一刻，我等了十九年。这本《爱默生选集》，从新加坡跟随我回到上海，以后我几次搬家，遗落了许多东西，包括珠宝、港币、美元，但是这本书始终在身边。张爱玲在翻译这本书的时候，肉身还不曾来过这里，但她已用文字与这位伟大的学者交往过了。

从1834年起,爱默生就一直住在康科德。

子承父业,他在波士顿当牧师,用微薄的收入在小镇通往波士顿的公路边买了这栋物业,房子里充满清教徒简朴、一丝不苟的气息。

跟从讲解员默默地穿行在一个一个的房间里。

不许喧哗,不许拍照,时刻小心脚下腐朽的地板。

墙上有一张妇人的肖像,那是爱默生的第二任妻子,她活得很长久。但是在爱默生的日记里,关于她,只有一行字。

书房的窗下,放了一架琴,如同一首古老的歌谣。

波士顿上流社会视爱默生为异端。剑桥的神学家们则说他是泛神论者和日耳曼式的神秘论者,说他的风格类似"新柏拉图的月光"。这里的"月光",在英语里指的是废话、大话。

他常进城讲学。门口挂着他的帽子和斗篷。

在另一些人眼里,爱默生是美国思想与文学的"独立宣言"。他放弃了一切机会,割舍了唾手可得的名利,不屑于世俗的蝇营狗苟。他有他的追求,那就是他认为的世间美好的东西。这种追求出自本能,有其内在的逻辑,不足为外人所道。在这一点上,他与张爱玲的精神同构。尽

美国波士顿剑桥公寓

管张爱玲在翻译爱默生时,有几分不情愿。张爱玲在给友人的信里说,为了生存,即使给她一份菜单,也是会把它翻译出情趣的。

我在这栋白色的小楼里徘徊,在楼梯的每一个转角,在每一本书、每一张照片的背后,探寻一个人的名字:张爱玲。

这栋楼里,还有另一个人的气息——梭罗。

1845年3月底,梭罗向爱默生借了一柄斧头,来到瓦尔登湖畔的森林,在爱默生的领地,选了一个距离瓦尔登湖最近的山坡,砍伐高耸入云的壮年白松,建造了一座小木房,在那里,他以一种与时代极端不合作的态度,尝试着几近原始人的生活,并且开始写日记。这些日记日后构成了著名的《瓦尔登湖》。

梭罗的日记写道:

"为了独处,我发现有必要逃避现有的一切——我逃避我自己。我怎么能在罗马皇帝装满镜子的居室里独处呢?我要找一个阁楼。一定不要去打搅那里的蜘蛛,根本不用打扫地板,也不用归置里面的破烂东西。"

这几乎是梭罗四十四年短暂生命的自我画像,也是张爱玲晚年的生活肖像,文字中的"独处""阁楼""蜘蛛"

瓦尔登湖,爱默生,梭罗,张爱玲

等词语,充满精神层面上的寓意,与张爱玲的孤岛、阁楼疯女人、虫患一一对应,丝丝入扣。张爱玲翻译过梭罗的文字,并在生活上,对梭罗极尽模仿。

在康科德小镇逗留了一个下午,肺部吸满了历史的尘埃,我们决定去城里吃饭。

车开得很慢,继续着张爱玲的路线。

1957 的 7 月,赖雅夫妇在波士顿的派克饭店(Parker House)住了五天。他们在哈佛大学图书馆做了一些研究工作,访问了赖雅的亲戚,在百货商店选购生活用品,譬如咖啡、腌肉、鸡蛋,在著名的餐馆里品尝殖民风格的佳肴。张爱玲很愉快。她喜欢大城市,寂寞寒冷的小镇使她的骨头都发霉了。

夜蝉,词语事件,解聘

1945年,当法国作家弗里德里克·德·托瓦尔用一瓶上好的红酒让海德格尔卸下心理戒备之后,在问他"为什么"时,海德格尔把身体向前一倾,以那种郑重吐露秘密的语调回答道:"愚蠢。"言下之意,他最严重的错误在于不谙世事。

——《存在主义咖啡馆》

张爱玲也知道自己谋生条件之不足。

她写信给夏志清说:"我并不光是为了没有学位而心虚,不幸教书的不仅是书的事,还有对人的方面,像我即使得上几个博士衔也没用。"

她还说:"我找点小事做,城乡不计。"

姿态已经放得很低,低到尘埃里。活着就是一件大事！

通过夏志清等朋友的一番运作，1969年，张爱玲找到了一份虽然不一定适合她性情与兴趣但绝对是可以胜任的工作：加州大学伯克利分校中国研究中心高级研究员。她的顶头上司是中国文学教授陈世骧。

陈世骧与夏志清是旧识，毕业于北京大学，早在1949年前就落户美国，在加州大学的中国研究中心享有"元老"的地位。他的专业是中国古典文学，著作不多，又无博士学位，但人脉极广，很"吃得开"。

1950年末，夏志清的哥哥夏济安在美国作"交换学者"，期满后决定不回台湾。他当时是台湾大学外文系的名教授，到了美国，没有博士学位的他，也曾历尽艰辛。

陈世骧在中国研究中心为夏济安找到了避难所。夏济安在中心的研究工作，就是以大陆报刊（或参考数据）中新出现的名词术语做基础，然后就此引申、解码。夏济安接了这份差事，为稻粱谋，结结实实地写了若干篇"解码"文章。

1965年2月23日，夏济安在伯克利中风逝世后，庄信正博士补上了空缺。再后来，庄信正谋到新的职位，提议了张爱玲。

陈世骧教授亲自给张爱玲发函，请她担任高级研究员。

张爱玲从波士顿回到阔别十年的旧金山。

再归，孑然一身，身边已经没有了赖雅。

此番，张爱玲接受的研究任务，是对"中共'文革'术语"进行意义解析。

在迈阿密和波士顿，张爱玲的"人设"依旧是，不谙人情世故。到得旧金山，张爱玲依旧我行我素，不按时上班，不参加集体会议，往往是下午或近黄昏才去研究中心；同事下班了以后，她独自一人在办公室熬夜。同事们难得见到她一面，也不知道她究竟在做什么，只偶尔在幽暗的走廊里，她的身影闪过，惊鸿一瞥。

离群索居已然成了她的标签。

一日，陈世骧在家中宴请张爱玲，特地请了几位晚辈学生陪同。那天，张爱玲和陈世骧同坐在沙发上，陈世骧滔滔不绝，张爱玲却很少说话，声音又小，好像在自语。无论是听人讲话，还是自己说话，都是眼睛朝上看着。她只和陈世骧说话，偶尔应一声陈夫人的招呼，对其他人一概不理——在旁观者看来，她只是活在自己的世界里。

去陈世骧家两次后，张爱玲就不再去应酬，任陈氏夫

加州大学伯克利分校,张爱玲旧居卧室

妇怎么邀请，她都婉言拒绝。陈世骧也只好偶尔以电话问候。

在办公室，张爱玲很少发出声响，在与不在，几乎没有区别。她与外界的联系大多通过纸墨进行，连电话都很少使用。她的助手陈少聪说，每隔几个星期，她将一叠资料卡用橡皮筋扣好，趁张爱玲不在的时候，放在她的案前，上面加小字条。

为了体恤她的习惯，陈少聪还采取了一个新的对策：每天张爱玲到达之时，陈少聪便避开，去图书室或找人聊天，直到确定张爱玲已经稳妥地进入她的"孤独王国"之后，才回到自己的座位上。

一次，张爱玲患感冒，请了假。陈少聪打了几次电话去问候，又跑去中药房配了几服草药给她送去。为了不打扰她，揿了几下门铃，把药包放在门口就走了。

几天后，张爱玲来上班了，什么话也没说。陈少聪却发现，自己桌上有一张纸条，只写着"谢谢"二字，压在一瓶新买的"香奈儿五号"香水下面。

事实上，她和她只隔着一扇挡板。

张爱玲坚定地保持着静默。

回忆起与张爱玲共事的一年多时间，陈少聪说，有一道河,从中间流过。

待人处事如此,倒也罢了,大家见怪不怪。可是,在工作上与"老板"产生分歧,问题就有些严重了。

她在"中心"工作,一开始就不顺利。人际关系,处处碰壁。她负责找新名词,偏偏那两年情形特殊,就是没有新名词。张爱玲只好写了篇讲"文革"定义的改变,追溯到报刊背景改变,最后附了两页名词。

这篇报告,陈世骧给了"中心"专代改英文的杰克(Jack Service)和一位女经济学家看,此外还有英文教授南森(Nathan)。他们看了,都说看不懂。张爱玲拿回去通篇改写后,陈教授仍说看不懂。

据夏志清回忆,陈世骧看到她递交的研究报告,"所集词语太少,极为失望"。

两人因此起了争执。

张爱玲在给夏志清的信里,描述了她和陈世骧的争执。

> 我(张爱玲)笑着说:"加上提纲、结论,一句话读八遍还不懂,我简直不能相信。"
> 他(陈世骧)生了气说:"那是说我不懂啰?"

我说:"我是说我不能想象您不懂。"

他这才笑着说:"你不知道,一句话说八遍,反而把人绕糊涂了。"

我知道他没再给人看,就说:"要是找人看,我觉得还是找 Johnson(主任),因为中心就这一个专家。"

他又好气又好笑地说:"我就是专家!"

我说:"我不过是看过 Johnson 写的关于'文革'的东西,没看过 Service 写的,也没听他说过。"

他沉默了一会,仿佛以为我是讲他没写过关于中共的东西,立刻草草结束了谈话,其实我根本没想到,是逼急了口不择言。他表示第一句就不清楚,我也改了寄去,也不提,坚持只要那两页名词,多引上下句,以充篇幅,随即被解雇。(夏志清:《张爱玲给我的信件》,联合文学出版社 2013 年版)

这就是著名的"词语事件"。

张爱玲曾说,如果你知道我的过去,就会原谅我的现在。人间失格。

夏志清在这封信的"按语"中说,1969 年 8 月 26 日,陈世骧写了一封祝贺他新婚的毛笔信，其中有一句"张爱玲女士已到此月余，颇觉相得"。由此可见陈教授对张小姐并无"宿怨"，也无先天"敌意"。

我想起电影《时间神偷》：一个孩子，家里穷，从来没有一个人独享过一个完整的月饼。为了能够独食，他瞒着父母去交会费，被父亲毒打。为了讨生病的哥哥开心，他去偷供品，又被父亲毒打。哥哥病危，父母赶去医院，而他关心的是包子买一个还是两个，因为买两个可以打折。小孩子的逻辑，大人哪里懂得，也懒得去懂。张爱玲就是这个小孩子，一身的"公主病"，她没有来得及长大，便赤裸裸地站在世界面前了。她的孩子一般的做人逻辑自然处处碰壁，且碰得头破血流，但是依然不明白，只觉得委屈，给夏公和庄信正写了长长的信去申诉、表白。

张爱玲承袭了祖父张佩纶的气质。

有人曾批阅过张爱玲的生辰：辛日生的人尽管外表柔弱，内在却暗含坚硬，很擅长带刺的嘲讽，多是毒舌家。由于阴气之故，易造成偏颇的个性，但偶尔也会采取断然的行动，一旦这种行动力表现失控，会成为独角兽型的人物。

至此，眼前出现一幅画面：一个孤独的孩子，人世间不能理解她的样子,她提着一盏破碎的灯笼,不变的初心,不变的笨拙,银白的月亮底下,晓风吹来,心事化进尘缘中,无人听见,夜已深,亦不知道躲避,独自伫立在绵密的蛛网中。

造物主让她成为文学天才,也让她在人世间受苦。

夏志清教授的"按语"又说:"假如世骧并无恶意地叫爱玲去编一本 glossary,她多看报刊之后,发现了那年的'名词荒',大可征求他的同意去改写一个题目的。只要她同世骧、美真兄嫂保持友善关系,什么事情都可以商量的,何况只是一个题目?……但世骧专治中国古代文学与文学理论,张爱玲的作品可能未加细读。作为一个主管人,他只看到她行为之怪癖,而不能用欣赏她的文学天才和成就去包涵她的失礼和失职。在世骧看来,她来中心两年,并未在行动上对他表示一点感激和敬意;在研究中共词语这方面,也可能从未向他请教过,只一人在瞎摸!最后写的报告,他也看不懂,glossary 只有两页,还要语言顶撞!迁怒之下,陈教授把她'解雇'了。世骧对爱玲不满意,曾在我面前表示过。"(夏志清:《张爱玲给我的信件》)

"按语"的开头还有关键性的话:"中心里的主管和研

究员都真是中国通。爱玲的一举一动，极受他们的注意。她日里不上班，早已遭人物议。一旦解雇，消息传遍美国，对她极为不利，好像大作家连一篇学术报告都不会写。"

这是张爱玲"在美国奋斗十六年遭受的最大打击"。

曾经，张爱玲的文学才华，拯救不了她的婚姻，同样，也拯救不了她的学术生涯。

人生孤独。没有一个人能读懂另一个人。每一个人都是孤独的。张爱玲用孤独抵抗孤独。一个不知世故的贵族女子，活在坚硬的现实里，何其不易！

1966年夏天，学者刘绍铭在印第安纳大学一个学术会议上，与张爱玲有过一面之缘。他和两位学兄胡耀恒和庄信正一起到旅馆去看望她。那时，张爱玲还得照顾瘫痪在床的丈夫赖雅，又无固定收入，所以叮嘱三位男士代她谋小差事。

刘绍铭将张爱玲介绍给他在迈阿密大学的"旧老板"，让她在大学当"驻校作家"，每月可拿千元的薪水。

1966年9月20日她给刘绍铭的信上说："病倒了，但精神还可支撑赴校长为我而设的晚宴。我无法推辞，去了，结果也糟透了。我真的很容易开罪人。要是面对的是一大伙人,那更糟。这正是我害怕的,把你为我在这建立的友谊一笔勾销。"

后来迈阿密的旧同事来信说,校长的晚宴,张小姐熬夜(overslept),竟然睡过了头。"驻校作家"本有工作时间(office hours)给学生的,她也难得见人。关系搞得不好,一年过后就没有续约。

张爱玲的母亲说:"我懊悔从前小心看护你的伤寒症,我宁愿看你死,不愿看你活着使你自己处处受痛苦。"

多么痛彻心扉!

1971年4月,张爱玲接到了加州大学伯克利分校中国研究中心的书面通知:她的工作到6月底结束。张爱玲不愿意接受这样的结局。她执意要完成委托的论文。岂料1971年5月23日,陈世骧心脏病猝死,文章交付的对象消失了,张爱玲失去了证明自己的机会。

张爱玲执拗,一直保存着论文,希望能够有人读到它们,并给出公道的评价。论文分为两个部分:《"文革"的结束》和《知青下放》。

1992年2月25日,张爱玲在给宋淇的信里说:"如果我的钱有剩……用在我的作品上,例如请高手译,没出版的出版,如关于林彪的一篇英文,虽然早已明日黄花。"

这些论文能否出版,是张爱玲遗嘱受益人宋以朗的功课了。

丢掉了工作的张爱玲,很受伤。

可是,日子还是要过下去的。

她的贵族血液再一次给了她傲然于俗世的底气。

她改变了初心。

她不再希冀在美国文坛出人头地,她试图重回中文文坛。大约,只有中国人才懂她的文字。

于是,她再次破例,主动约请台湾作家水晶的访问。

在这个节点,接受采访,自是出于一番实际的考量。

1971年6月10日,张爱玲写信给夏志清,交代"词语事件"的前因后果后,道:"但是无论怎样不让它影响情绪,健康很受影响,预备找水晶来……"

面对解聘,学院生涯显然终结了,退回公寓做宅女,重回母语写作。

水晶是幸运的,没有早一步,也没有晚一步,正好在张爱玲的至暗时刻,准备人生掉头的时刻,与张爱玲相遇。

为这次访问,张爱玲做了精心准备。

透过水晶的笔,世人见到了久违的张爱玲。

水晶说,她当然很瘦。

她一天只吃半个英国蛋糕。以前喜欢吃鱼,因为怕血管硬化,遵医嘱连鱼也不吃了。于是成了如今最时尚的骨感女子。

张爱玲的瘦很多人写过,尤其是两条胳臂,借用杜甫的诗:"清辉玉臂寒。"她的脸庞却很大,保持了胡兰成所写的"白描的牡丹花"的底子。眼睛也大,"清炯炯的,满溢着颤抖的灵魂,像是《魂归离恨天》的作者艾米莉·勃朗特"。

她微扬着脸,穿着高领青莲色旗袍,斜着身子坐在沙发上,头发是民国"五凤翻飞"的式样。

知道水晶订婚了,她预备了一份礼物:一瓶八盎司的香奈尔五号香水。她偏爱这个牌子。

她殷勤问水晶要不要喝点酒,是喜欢味美思,还是波旁酒,因为一个人在家里,总得预备一点酒,她道。

水晶说不会喝酒,她便去开了一罐可口可乐。

她也还是不会做家务,开一个罐头,很费力的样子,令人担心会扎破了手。

话题很是散漫。

她说,她还有一个笔名,叫梁京。梁山伯的梁,京城的京。

《十八春》(《半生缘》的前身)初次问世的时候,便是用的这个笔名。那时,那样的历史氛围里,她用沦陷期的盛名"张爱玲",已无法发表作品了。

当年,《十八春》在上海《亦报》连载,引起一阵轰动。读者一期一期追着看,有人还把文章剪下来装订成册。

鲁迅、乔伊斯、卡夫卡、福克纳等作家,对其生长居住的地方绝少好感,然张爱玲对上海情有独钟。华洋杂处、新旧并陈的十里洋场,张爱玲找到一席安身所在,编织了一则又一则璀璨荒凉的传奇。

张爱玲喜欢章回小说,她的小说,跳过"五四"文化,接续传统白话小说《红楼梦》《金瓶梅》。

她看《歇浦潮》是在童年。

"圆光"那一段,似是顺着下意识滑进《怨女》书中去的,因为写《怨女》时,手边并没有《歇浦潮》做参考。她还记得书中写得最好的是贾少奶、贾琢渠、倪俊人的姨太太无双。

她起身,走到厨房里,替自己泡了一杯速溶咖啡,用茶匙搅动着,搅得很细,也替水晶端了一杯来。她说她一向喜欢喝茶,不过在美国买不到好茶叶,只有改喝咖啡。

她喝咖啡的姿态,像亨利·詹姆斯小说《波司登人》的封面,戴着手套的贵妇,笔直端然地坐在椅子的边缘,托着茶碟,杯底向外,那种优雅。

她抱歉道:"我是晨昏颠倒的。这习惯养成很久了。"

她是和月亮同进退的人,难怪她小说里有关月亮的意象特别多,亦别有深意。

从《歇浦潮》,谈到了《海上花列传》。

她说,像《红楼梦》有头没有尾,《海上花列传》中间烂掉一块,都算是缺点。(白先勇是不同意这个观点的。)

童年,张爱玲随父亲去妓院。父亲曾有一位姨太太是堂子里的人,时常在家里摆堂会,来客大多也是青楼女子。她认为,《海上花列传》里,从李漱芳母女开堂子的作风,可能会产生出沅芳这样的雏妓来。这也是《海上花列传》的主旨之一,描绘形形色色的妓女,并不仅限于暴露人性的黑暗面,像《歇浦潮》那样。

她健谈。

说到酣畅处,亦有手势比划,但依旧习惯性的克制,那是教养。

谈起她自己的作品。早年的部分,都不大记得了,《半生缘》最近重印过一次,记忆还算新;《倾城之恋》并没有觉察到"神话结构"这一点。她是反高潮的,追求平淡和自然。

她每篇小说的意象,安排得好,和整个故事的结构、人物都有关系,有时是嘲弄,有时是一种暗示性的"道德批判",很少有人能够将意象的功效,发挥得像她这般精妙。《第一炉香》里,薇龙的姑妈梁太太一出场,面纱上爬着一粒绿宝石蜘蛛,后来薇龙进入宅第后,"一抬眼望见钢琴上面,有一棵仙人掌,正是含苞欲放,那苍绿的厚叶子,四下里探着头,像一窠青蛇;那枝头的一捻红,便像吐出的蛇信子"。还有园游会过后,薇龙陪同姑妈一同进餐,彼此找到了新的男朋友,心里欢喜,嘴里不说,只管用刀切着冷盘里的牛舌,像唐人绝句里的"鹦鹉前头不敢言",产生了极深的嘲弄意趣,设喻得这样剔透!

张爱玲听到这里,顿了一顿道:"我的作品要是能出个有批注的版本,像脂本《红楼梦》一样,你这些评论就像脂批。"

水晶受到鼓励,当真批点起来。

他道,像《阿小悲秋》,那苏州娘姨看来像一个"大地之母",因为自始至终,她都在那里替主人洗衣服、整理房间,仿佛有"洁癖"似的。故事结尾时,她发现"楼下一地的菱角花生壳,柿子核与皮",还愤愤不平地想着:"天下就有这么些人会作脏,好在不在她范围之内。"写得真是好!

张爱玲闻言,满心欢喜,笑出声来。她的笑声听来有点软糯,是小女孩的那种笑声,令人完全不敢相信,她已经活过了半个世纪。

随即谈到《红玫瑰与白玫瑰》。

她说,《传奇》里的人物和故事,差不多都"各有其本"的,也就是她所谓的 documentaries,红玫瑰表面上像个"坏"女人,其实很忠厚,作者对她非常同情;而佟振保是个保守性的人物,他深爱着红玫瑰,但他不敢同她结婚,在现实与利害的双重压力下,娶了白玫瑰。其实他根本用不着这样瞻顾的,结果害了三个人,包括他自己在内。写完了这篇故事,觉得很对不住佟振保和白玫瑰,这两人她都见过,而红玫瑰只是听见过。

红玫瑰这个人设,有她母亲的影子,而佟振保,日后做了她的姑父。

关于《半生缘》,当谈到女佣阿宝这个角色塑造得不够逼真时,她一口承当下来。

她主动告诉水晶,《赤地之恋》是在"授权"的情形下写成的,所以非常不满意,因为故事大纲已经固定了,还有什么地方可供作者发挥呢?

说话间,她已经喝完第四杯咖啡了。

话题转到"五四"以来的作家。

她喜欢沈从文的作品,这样好的一个文体家。

她认为老舍还是短篇精彩。

鲁迅,她觉得他很能暴露中国人性格中的阴暗面和劣根性。这一传统等到鲁迅一死,突告中断,很是可惜。因为后来的中国作家,在提高民族自信心的旗帜下,走的都是"文过饰非"的路子,只说好的,不说坏的,实在可惜。

她平常喜欢看通俗英文小说。阅读对于她来说,已成为第二生命,仿佛活在空气里一样。她引用业已逝世的丈夫赖雅的话说:"他常说我专看'垃圾'!"

说完又笑。用手虚掩着嘴。

关于《红楼梦》,她说一俟工作在 6 月份结束后,便准备用英文写一篇考证,同时接下去,把英译《海上花列传》的工作做完。《红楼梦》,她认为不止写了十年……她说曹雪芹大概死于四十七八岁,所以《红楼梦》没完。

从《红楼梦》移花接木,接枝到《金瓶梅》上。

水晶说,读《金瓶梅》,总觉得面对着一个纸糊的世界,样式看来假得很。她听了颇感诧异,好像一个人怎么能够欣赏《红楼梦》和《歇浦潮》,唯独走不进《金瓶梅》的世界里去?

水晶说,像吴月娘这种缺乏酸素的女人,实在少见。

她认为好便好在这里。吴月娘对于潘金莲、李瓶儿等姨娘的态度,表面上似乎毫不妒忌,那是因为当时的社会传统,不得不如此。但是,月娘有时说起话来,也会酸溜溜的,这使得吴月娘充满了"暧昧性",所以是更近乎人性的。每当她读到宋蕙莲以及李瓶儿临终两段,都要大哭一场。

她道,写作的时候,是非常高兴的,写完以后,简直是"狂喜"!她用嘹亮铿锵的音调,说出"狂喜"二字。

她说写过一部英文小说,兜来兜去找不到买主,预备将它译成中文;不过有些地方还得改。另外用中文写的军阀时代的长篇(指《少帅》)写了一半搁下来了,也想把它赶完。还有两个短篇,亟待整理出来。她想写的东西太多太多。

又譬如美国人的事情,她也想写。

她要写的东西,总得酝酿上一二十年再说。

关于她作品留传的问题,她感到非常的 Uncertain(不确定)。因为似乎从"五四"一开始,就让几个作家决定了一切,后来的人根本就不被重视。她开始写作的时候,便感到这层困扰,现在困扰是越来越深了。

她语气轻巧,神情却是落寞的。

有天夜里,张爱玲做了一个梦,梦见一位不认识的中国作家,取得极大的成就,相比之下,自己很丢人。早上醒来,她向赖雅哭诉了这个梦。

这个梦,表达了张爱玲对自己的期许和现世的不尽如人意。

张爱玲道:"我现在写东西,完全是还债,还我欠下自己的债,因为从前自己曾经许下心愿。我这个人是非常 stubborn(顽强)的;许多洋人心目中的上海,不知多么色彩缤纷,可是我写的上海,是黯淡破败的。而且,就连这样的上海,今天也像古代的'大西洋城',沉到海底去了。"

她说这话时,有一种玉石俱焚的神情。

这次会面,持续了七个小时。她说,像这样的谈话,十年大概只能一次！又说朋友间会面，有时终生只得一次。

这是真的。

水晶捧着张爱玲亲笔题赠的《怨女》英文本，以及香奈儿五号香水，下得楼来，站在街边，已是凌晨。仰面，看着张爱玲公寓的小阳台，看着窗内黄晕晕的灯光，一时间，觉得张爱玲像一只蝉，薄薄的羽翼虽然脆弱，身体的纤维质素却很坚实，潜伏的力量也大，藏到柳荫深处，正像夏日正午的蝉声，……吱……吱……吱，栖高声自远。

2014年9月2日中午，经过张爱玲在布什街的旧居，转道去伯克利，继水晶之后，去拜访这个物理空间。

沿着特克大道，十几分钟的样子，在杜伦街的尽头找到了这栋公寓。

地址是从哈佛大学档案馆获得的。

加州伯克利杜伦街2025号307室。

绿灰色的建筑，下午4点钟的阳光。走上台阶，按管理员的电铃，无人应答。

等。等着。总是这样。

加州杜伦公寓，张爱玲曾在这里接受学者水晶七个小时的采访

张爱玲习惯了孤独，我习惯了等待。

有人来开门，如愿进入张爱玲的领地。

一个小小的庭院，一洼碎石，几棵绿色植物，一盏老旧的吊灯。

狭窄的电梯。

上了三楼，307室。门口一块擦脚垫，悄无声息。这是张爱玲喜欢的氛围。

轻叩房门，没有回音。我倚在门上，拍照留存。慈禧太后不愿意拍照，害怕灵魂被摄走。我希冀张爱玲的灵魂能够进入我的相机。

电梯门开了，一位中年男士走过来，疑惑地看着我。待说明来意，他惊讶道："我就住在307室。我不知道你说的这位女作家，不过总有什么人知道的。"

问："可以进去看看吗？"

他道："当然可以。"

他开了门，喃喃道："抱歉，屋子很凌乱，请不要介意。"

没有会客区。越过门厅，便是卧室。

卧室的落地窗，面朝杜伦街。

窗外，一个大工地，正在盖新的建筑。

加州杜伦街公寓,本书作者与张爱玲旧居的现任房客

床周围，一排书架，书太多，彼此挤在一起，唯恐落下来。手工制品与厨房的杯碟参差错落地搁置在架子上，似乎它们从来不曾被使用过。

墙上一张画报，是诗人艾伦·金斯堡（Allen Ginsberg）和杰克·凯鲁亚克（Jack Kerouac），背景是旧金山"城市之光书店"（City Lights Bookstore）——"垮掉的一代"的发源地、大本营，"反叛文化"的路标，在娱乐至死的速食文化冲击下，依然傲然屹立。

"城市之光书店"位于美国旧金山北海滩，中国城和意大利区的交界处，是张爱玲和赖雅经常散步买食物的地方。

如今，依旧有中年人站在"城市之光书店"的玻璃窗前，凝视着《在路上》的封面，缅怀曾经骚动的青春。

空间逼仄，也不便让座，我们就站在这张海报前。

他说，他叫迈克尔·瑞德（Michael Ryder），在附近医院工作。张爱玲居住在这里的时候，他才刚刚出生。

他爱文学，爱电影，看过李安导演的《色·戒》，只是不知道这是根据张爱玲的小说改编的。对我，特地从中国飞来此地寻访一位在美国默默无闻的已故女作家，他十分惊讶。他说，他愿意在方便的时候为我做一些搜寻工作，譬如当年张爱玲的邻居状况，当年的房租情况。

张爱玲已去世近二十年,她曾就职的哈佛大学并不知情,依旧往这个地址邮寄公函(茅晓玮授权)

他拿出一封信，是哈佛大学寄给张爱玲的。天呐！张爱玲已经去世近二十年，哈佛大学居然不知情，还在例行公事。

1971年，詹姆士·莱昂（James Lyon）教授因研究德国剧作家布莱希特，曾经来此访问赖雅的遗孀张爱玲。

在见张爱玲之前，他只知道她是赖雅的第二任妻子，1955年来到美国，与赖雅在新罕布什尔州的麦克道威尔文艺营结识，1956年两人结婚。1967年赖雅去世后，她则结束了与赖雅家人的联系。

赖雅的女儿杰克森太太（Faith Jackson）曾经告诉他，张女士出版过中文以及英文小说。不过当时他并没有在意，他的心思全在布莱希特的研究上。

杰克森太太建议詹姆士·莱昂向马萨诸塞州剑桥的瑞德克里夫女子学院询问张爱玲的地址，因为该校曾邀请张爱玲女士于1967—1969年担任驻校作家。这个细节表明，张爱玲虽然做了赖雅十一年的妻子，但是与赖雅的女儿并不亲近。

詹姆士·莱昂是哈佛大学的职员，又住在剑桥，顺利地拿到张爱玲的联络地址。

1971年1月11日,詹姆士·莱昂给张爱玲寄了封信,信中向张爱玲说明,他正在研究布莱希特流放美国期间的生活,并旁及他与赖雅的友谊,希望能够访问张爱玲。

几天后,他收到一张明信片,张爱玲说,她很乐意接待詹姆士·莱昂,难得的,她还给了一个电话号码。之前和以后,张爱玲对自己的地址和电话的保密程度几乎可以用变态来形容。

1971年2月2日星期二早晨,詹姆士·莱昂到达旧金山。拨了张爱玲给的电话,无人接听,事后他才知道张爱玲当时就在公寓里,故意不应答。

詹姆士·莱昂哪里知道张爱玲不见人的习性。他直接开车到达她的公寓。按门铃,依旧无人应答。

他推断她只是暂时外出,何况他已经订好明天一早飞回波士顿的机票,非得当天见到她不可。他把租来的车停在路边,守株待兔。

几个小时过去,没有人进出那栋公寓的大门。他随便买了点东西充当午餐,再度按门铃,还是无人。

他留了一张便条,交给公寓管理员,管理员答应一定转送,并顺口说,张女士在加州大学伯克利分校某个机构服务,并把地址写给了詹姆士·莱昂。

当时已近傍晚。在那条街上，詹姆士·莱昂找到了伯克利中国研究中心的办公室，一栋红色砖墙的小楼。

他敲办公室的门，亦是无人答应。

他就在大厅等候。

过了几分钟，一位女士手抱着几本书从楼上来到大厅，径直往办公区域走去。

詹姆士·莱昂的直觉告诉他，这位女士就是张爱玲。

他上前打招呼，张爱玲吓了一跳。

待他表明身份，张爱玲才放松了紧张的肌肉和神经，邀他进入办公室。

这个细节，也可以印证他人的说法：张爱玲总是在别人下班以后才去工作。一个人穿行在办公大楼里，如同古墓丽影。

詹姆士·莱昂说，张爱玲的英语无论是文法，还是使用的词汇，都可以用完美来形容。此外她使用英文成语之流利也令人刮目相看。关于她的先夫与布莱希特的问题，她给了丰富的信息且讲得清晰明白。言谈间她不经意地流露出高度的学识涵养以及惊人的记忆力。

她很严谨。所提供的信息与赖雅生活的细节均符实。她与赖雅最后的那几年过得艰难。言词中，她对这个在生命将尽处拖累她写作事业的男人，丝毫不存怨怼之情。相反，她以公允的态度称许她先生的才能，说明他的弱点所在，并评估布莱希特与他之间的友情。

詹姆士·莱昂回忆，在整个访谈过程中，"张女士的表现热诚又令人舒坦，且相当配合。她的谈吐淡雅，怡然自若；在我们相处的时刻，我丝毫不觉她有任何不自在或者有逃避与人接触的想法。事实上，她优雅的举止留给我完全不同的印象；我对当天稍早与她联系困难的情况也没往其他因素去揣想，只归因于我听混了，或她记错了这类常见的理由。不久我得知不是这么简单——她的确曾试图逃躲"。

1971年2月2日，张爱玲给莱昂教授写了一封信。信上说：

> 亲爱的：请接受我迟来的道歉——因为我手边正有一些工作本周内需完成，怕有人来催，所以才不接电话也不应门。我原来并不知道就是你，一直到我们聊完，我独自回住所，见到了管理员塞在我门缝里头的信，才明白过来。
>
> 走笔匆促。愿你的书出版成功。
>
> 你的友人爱玲·赖雅

按照时间推测,这封信里说的,手边必须完成的工作,很可能就是被要求重写的有关中国"文革"政治术语的论文。

在上海,每每路过张爱玲的公寓,总也要望一眼她的窗,她的阳台。没有去叩门,因为知道,她不会应答。

离开杜伦公寓,沿着别墅区,步行去圣保罗大街。这条街,是张爱玲在伯克利期间,主要的生活区域。

1969年7月20日下午,张爱玲抱着一台小电视机,在圣保罗大街上跌跌撞撞,满脸茫然。恰巧她的上司陈世骧开车路过,停车问:"你住在这里?"

张爱玲抱歉地嗫嚅道:"刚买了电视机准备看登月转播,可是找不到汽车站了。"

2014年9月3日下午,寒风里,走了十二个街区,来到这里,站在圣保罗大街的路牌下。我看见张爱玲停留在十字路口;路口是险境,前进或者后退,都是威胁;命运的硬币,在廉价的空气中旋转,张爱玲被抵押在这里。

却来观世间,犹如梦中事。

晚上,回到酒店,读张爱玲的《私语》:

"年初一我预先嘱咐阿妈天明就叫我起来看他们迎新年,谁知他们怕我熬夜辛苦了,让我多睡一会,醒来时鞭炮已经放过了。我觉得一切的繁华热闹都已经成了过去,我没有份了,我在床上哭了又哭,不肯起来……人家替我穿上新鞋的时候,还是哭——即使穿上新鞋也赶不上了。"

是的,没有赶上。

打开壁炉,土豆一般落在沙发上,张爱玲的素锦句随风潜入:

"每次想起茫茫人海中,

我们很可能错过认识的机会——太危险了。

命运安排多好。"

世界上最远的距离,不是瞬间分离无处寻觅,而是尚未相遇,便注定无法相聚。

就着牛肉汉堡,把没有喝完的加州红酒喝了个干净。

窗下,有轨电车一班又一班,叮叮当当,穿梭在起伏的坡道上,穿过重重边界;隔壁张爱玲在狭窄处坚持,因为阳光只在表面上闪烁。

重回中文文坛，人虫大战，疯狂搬家

因为"词语事件"，张爱玲再度失业。

她是如何离开旧金山的，人们不得而知。

她是隐身人，独孤不败。

俗人在乎世人的评价，智者在乎历史的评价；张爱玲活着，在乎的是她的文学才华，其余的，都可以省略。

1972年5月，张爱玲又托庄信正帮她租房，这一次，她搬到了洛杉矶。

这套公寓，阳台上，可以看见好莱坞山和著名的国会唱片大楼。这是张爱玲住得最长久的公寓，从1972年一直到1983年。

2014年9月，我到达洛杉矶。租住在星光大道边上的一个粉蓝色小酒店。

当年，玛丽莲·梦露还是一个小角色的时候，经常在这个酒店下榻。1962年5月19日,梦露在麦迪逊公园广场上为约翰·肯尼迪总统演唱《生日快乐》歌时,张爱玲正在文学之路上苦苦爬行。

夜晚,一弯月亮高高地悬挂在酒店不远处的好莱坞山上,清如水、明如镜的秋天,也仿佛听见张爱玲的声音从1944年缈缈地飘过来:

"书(指《传奇》)再版的时候换了炎樱的封面,像古绸缎上盘了深色云头,又像黑压压涌起了一个潮头,轻轻落下许多嘈切喊嚓的浪花。细看却是小的玉连环,有的三三两两勾搭住了,解不开;有的单独像月亮,自归自圆了;有的两个在一起,只淡淡地挨着一点,却已经事过境迁——用来代表书中人相互间的关系,也没有什么不可以。炎樱只打了草稿。为那强有力的美丽的图案所震慑,我心甘情愿地像描红一样地一笔一笔临摹了一遍。生命也是这样的吧——它有它的图案,我们唯有临摹。所以西洋有这句话:'让生命来到你这里。'这样的屈服,不像我的小说里的人物的那种不明不白,猥琐,难堪,失面子的屈服,然而到底还是凄凉的。"

清晨,在酒店里吃了面包圈和煮鸡蛋,揣着酒店经理打印出来的地址,去寻找张爱玲的流亡遗迹。

气温高达三十八摄氏度，体内的水分很快被蒸发。经过几番问路，在一个坡道上，找到了这个地址：

加州洛杉矶市好莱坞区金斯利北街1825号305室。

底楼，一间西班牙风格的公共客厅，镂花窗格下，阳光静静地落在沙发的提花布料上。

一架赭红木质楼梯，指示着张爱玲的方向。

不愿径直上楼，拖延着这个迟到的遇见。

把沙发移到305室信箱旁，等待张爱玲下楼来取件。她是依赖信箱与世界联系的。

落地窗外，棕榈树的院落，鸟儿啾啾，拖着细巧的身影，在方格地砖上寻觅午餐。

一位先生，穿一件亚麻衬衣，走过来，小心地问："你是在找张爱玲？"

我立时从沙发上跳起来："您认识张爱玲？"

他道："我见过张爱玲。我就住在张爱玲隔壁。前些天，有香港电视台的人来拍摄张爱玲，我看你像中国人，所以猜想，你也是在找张爱玲。"

他叫戴维。他的公寓格局，与张爱玲的一模一样。

一房一厅，阳台上可以看到好莱坞山、国会唱片公司，与我下榻酒店的景致一般无二，只是更分明。

张爱玲在洛杉矶的公寓。她在这里完成了《红楼梦魇》《海上花列传》《色·戒》等重要作品。她也是在这里完成了重归中文文坛的转身

好莱坞附近,张爱玲公寓的客厅

戴维说，20世纪七八十年代，在张爱玲居住的年代，这栋的公寓就算是高级的酒店式公寓了。好莱坞诸多著名编剧、导演都曾在这里留下过生命的印记。他曾经也是好莱坞的编剧。

迫不及待地问张爱玲。

戴维说："她不会主动与人打招呼，也很少出门，经常穿宽松的棉布袍子，蓝色的最多。"

戴维道，那时他还是一枚少年，不会对一位中年妇女多加注意。不过现在，因为来找张爱玲的人多了，他也开始研究张爱玲，邮购了张爱玲的英文小说，也看了李安导演的电影《色·戒》，他正在学中文，不过进展很慢，因为他得了癌症。

从书架上取出他收藏的张爱玲的书，以及他描摹的中国汉字。

根据记载，张爱玲在这里只接待过庄信正夫妇。

1974年6月末，庄信正将离开洛杉矶，张爱玲得知消息后，邀请他们来公寓喝茶。晚7点45分，庄信正夫妇到达。管理员听说是拜访张爱玲的，十分高兴，她热心地告诉庄信正，张爱玲出去了，并且一再说，希望有人经常来看望这位中国女子。

张爱玲的孤独,成为她遗世的标签。

庄信正夫妇坐在我刚坐过的沙发上,每隔十分钟,去按一次门铃。8点40分左右,张爱玲应声开门。她很惊讶地看着门外站着的庄信正夫妇。她以为她约的是第二天。

她忙不迭地把年轻的夫妇让进客厅,手忙脚乱地泡咖啡,舀冰激凌。

一番张罗之后,她拿出了家族相册,给年轻夫妇看。后来,这本脱了线的相册,是母亲遗产的一部分,这份遗产成就了张爱玲生前的最后一本书《对照记》。

咖啡、冰激凌,宾主相谈甚欢,一直到凌晨3点多。

一夜未眠。第二天一早,庄信正在商店里买了一本相簿,请公寓管理员转交给张爱玲,然后开车离开了洛杉矶。这是庄信正与张爱玲的最后一面。

几年前,我在上海遇见庄信正。那时,他正在收集他与张爱玲的书信往来,准备出版。

我们去吃上海菜。

在餐桌旁,庄信正道,张爱玲为了感谢他,送他一枚钱币,是王莽时代的古董,其中一面,已被岁月磨平了。

庄信正以为太贵重,坚决不受。

1973年8月16日,张爱玲第一次在信中写到自己的疾病，因为长期失眠，她不得不大量服用安眠药，从而产生副作用，比如耳鸣之类。

她不敢让自己虚度。事实上，她一直很忙。所忙，自然还是写作。

从1976年春开始，她写完了十八万字的自传体小说《小团圆》初稿，出版了《红楼梦魇》《色·戒》《惘然记》《浮花浪蕊》《相见欢》《"五四"遗事》《张看》，完成《海上花列传》汉语译本。《半生缘》《倾城之恋》被搬上荧屏，她还发表了一系列散文随笔。稿费超过了此前梁实秋保持的最高纪录，创出了天价。

她也完成了她流亡文学的一道数学题：

身份焦虑＋文化颠覆＋失语＋重回母文化胎盘

1983年10月26日，张爱玲的牙医退休了。而住了十年的公寓发现了跳蚤，她选择搬家——开始了离奇的逃亡生涯。

人虫大战就此开始。一如好莱坞电影《星河战队》，数以千计的外星虫族四面逼近，地球军紧握冲锋枪群扫狂射，人类与外星虫相持对阵，激烈、紧迫；电影中，高智商脑虫的参战，更让人类面临前所未有的威胁。

张爱玲去兽医院买了十罐"跳蚤炸弹"，无节制地疯狂喷射，与虫子展开了殊死的搏斗，并且开始了史诗般的迁移。

洛杉矶的二十三年，张爱玲执拗地对地址保密，除邮箱外，现在能够找到的地址有十五个，其中八个是汽车旅馆。迁徙流浪逃亡的时间大致从1983年秋天开始，到1988年初春结束。

张爱玲的母亲和姑姑，在人生发生变故的时候，第一指令便是空间移动：逃离、搬家。

家族基因复制了张爱玲。

典型的一次便是从父亲家逃离：

"伏在窗子上用望远镜看清楚了黑路上没有人，挨着墙一步一步摸到铁门边，拔出门闩，开了门，把望远镜放在牛奶箱上，闪身出去。——当真立在人行道上了！……街灯下只看见一片寒灰，但是多么可亲的世界呵！我在街沿急急走着，每一脚踏在地上都是一个响亮的吻。……真是发了疯呀！随时可以重新被抓进去。"（张爱玲：《私语》，上海《天地》1944年7月第10期）

她要逃离什么？

不仅是虫子，还有人！

人是更难缠的灾害。

她的成长历史,就是一部伤痛和逃离伤痛的小说。

这些伤痛潜伏在体内,时常出来袭击它们寄身的主人。

1986年9月25日,张爱玲致庄信正信说,搬家太累,在公车上打盹,遭扒窃而破财。这样的事情发生了数次。

在洛杉矶等公车,就如在上海郊区等待长途汽车,漫长寂寥。那时,张爱玲已经六十多岁了,由壮而老,千生万劫不自知,却清高,不肯低下高贵的头颅。

搬家最病态的时候,张爱玲曾经一天换一个汽车旅馆。这样搬来搬去,她的东西也就扔得差不多了。因为搬家次数太多,又不会开车,只好把自己的东西存在某处。寄存,取回;取回,寄存,三搬当一烧。

姑姑写给她的信,她没有精力去邮局取,被退回去。夏志清1985年写给她的信,到1988年才拆开。

逃亡中,她不断地延迟着必须面对的现实。

天天上午搬家,下午进城,出租车很贵,她只能坐公车,一趟公车单程就是两个多小时,有时候,回到住处已经是半夜了,剩下的时间只够吃一个速食品。这样的荒唐行径,她自己都觉得不可思议。

《白鲸记》里有一句话:"大白鲸的白色是它生成孤独

的特殊指数。"

张爱玲就是这条白鲸。

我去过一个公寓,地址是:

加州洛杉矶市好莱坞区菱形大街 2025 号 26 室。

这是张爱玲在洛杉矶的第三个公寓,居住时间大约在 1984 年 6 月左右。

这栋公寓品质很差,类似上海 1970 年代的工人新村,门口堆着被人遗弃的破旧家具和几个装满旧衣物的蛇皮袋。

张爱玲的单元在二楼。

无人。从窗子里望进去,二十多平方米的房间,厨房和卧房在同一个空间里,一条花被子铺在床上,还没有来得及整理,一只黑白相间的猫咪好奇地望着我,无所畏惧。空气中弥散着一股寒酸的气息。

我怔怔地站在张爱玲的门前,只觉得心疼,挪不动步子,眼泪扑簌簌落下来,止也止不住。

离开这个公寓之后,张爱玲越飘越远,越搬越频繁。

如胡兰成对她的评价:逃离的女奴。

这样的流浪生活,持续了四年多,严重伤害了她的健康。

一颗行星,脱离了轨道。

1984 年 1 月 22 日致庄信正的信里,她写到了这样的状态:"……差不多一天换个汽车旅馆,一路扔衣服鞋袜箱子,搜购最便宜的补上,累倒了感冒一星期,迄未痊愈。还幸而新近宋淇替我高价卖掉《倾城之恋》电影版权,许鞍华导演……再去找房子,一星期内会猖獗得需要时刻大量喷射,生活睡眠在毒雾中,也与健康有害……"

她此时对环境以及对虫子的敏感已经到了不可思议的地步。如果发现邮箱里有虫子,当即将所有的邮件扔掉;发现箱子里有虫子,直接将箱子丢掉。发现衣服上虫子停留过,将衣服扔掉。

庄信正收到信以后,发现没有回信的地址,又得知张爱玲累倒了,很是关切,拜托洛杉矶的朋友林式同,请他帮助张爱玲租房子。

1984 年 4 月 4 日,张爱玲写道:"我这大概是因为皮肤干燥,都怪我一直搽冷霜之类,认为皮肤也需要呼吸,透气。在看皮肤科医生,叫搽一种润肤膏,倒是避跳蚤,两星期后又失效——它们适应了。脚肿得厉害,内科医生查出是血管的毛病,治好了又大块脱皮,久不收口,要消炎,等等。又还在看牙齿,除了蛀牙,有只牙被新装的假牙挤得搬位,空出个缺口,像缺只牙。牙医说是从来没有的怪事。我忍不住说了声，'我是有时候有这些怪事'。"

给庄信正的信发完了，她又给夏志清写信，只用一个词：百病俱发。

张爱玲十九岁的时候，在一篇文章里写：生命是一袭华美的袍，爬满了蚤子。

一语成谶！

1984年11月5日，张爱玲在给夏志清的信中提到"虫子"："我因为老房子虫患被迫仓皇搬家，匆匆写张便条寄地址来。"

1984年12月22日，张爱玲在给夏志清的信中称自己一年都没有固定地址："我这一年来为了逃虫难，一直没固定地址，真是从何说起。"

之后三年张爱玲都没有给夏志清写信。夏志清隔一段时间去信问候，都没有回音。

有个说法：从1984年8月到1988年3月这三年半时间内，张爱玲平均每个星期搬家一次，算下来搬家次数多达一百八十次。

没有明确的证据证明这"一百八十次搬家"确有其事，但张爱玲在这段时间内，因她认为的虫患而频繁搬家是可以确认的。

1985年10月,刚从外地出差回来的庄信正,看到台湾《中国时报·人间》刊登了水晶的一篇标题为《张爱玲病了!》的文章,讲的便是张爱玲变态的人虫大战之事。

也因为这篇文章,张爱玲终止了与水晶的联系。

水晶再三谢罪,张爱玲横竖不原谅。

1988年夏志清再度接到张爱玲来信,才知道自己多封信函,张爱玲收到了没有时间拆:"天天上午忙搬家,下午远道上城,有时候回来已经过午夜了,最后一班公交车停驶,要叫汽车,剩下的时间只够吃睡,才有收信不拆看的荒唐行径。"

这封信里提到去看了医生,查出"皮肤过度敏感",用药立刻好了。据此可猜测,"虫难"也许只是皮肤敏感的瘙痒,她当时还准备写篇文章回顾这场"人虫大战"。

1988年4月6日的来信中,张爱玲汇报皮肤瘙痒问题已解决。

按说"虫难"已告一段落。

朋友们都很欣慰。

张爱玲是乱世佳人。正当她试图安顿下来时,发生了震动整个文坛的"垃圾事件"。

整个事件的发生发展过程,如同一部侦探片。

据推测，案发时，张爱玲居住的地址是：

加州洛杉矶市雷诺南街 245 号 9 室。

搬入日期大约在 1988 年的 2 月。

1988 年 3 月，女作家、记者戴文采，接受了采访张爱玲的委约。

"那一年，我刚生下女儿。我白天起床拎着婴儿篮和奶瓶去住张爱玲隔壁的 10 号房间。晚上 7 点多还得把孩子送回家，再回报社编报，工作忙碌异常。完成了任务后，也就搬出来了，一共住了一个月，其间我们并无交往。"

当时，《联合报》主编痖弦，去信给张爱玲寄了戴文采的中篇小说《哲雁》，表明采访者笔力足够。但张爱玲回信告诉痖弦，小说读到了，写得很好，但她不想接受采访，因为她牙龈一直渗血。

被拒绝也是在意料之内。张爱玲不见人是出了名的。

于是，年轻的戴文采便使用了"间谍"的方式，潜伏在张爱玲隔壁的 10 号单元。

在居住的一个月里，戴文采通过各种可能的方式接近、窥视张爱玲的行踪，最后写出了《华丽缘——我的邻居张爱玲》。

张爱玲怕见人,于是记者演绎了著名的"垃圾事件"

文章里，有一段专讲收集张爱玲的垃圾，据此对张爱玲生活做出分析和判断。此文文笔优美，充满细节和悬念。

某报编辑读了戴文采小姐的文章后，认为此文涉及隐私，不便发表，立即与庄信正先生联络，告诉他这份稿件的事。不料庄信正在电话那头说，他已经知道戴文采小姐住在张爱玲隔壁的事，"不过她们都已经搬走了"！

所谓"她们"，指的当然是张爱玲和戴文采小姐。

原来戴文采小姐"阅读"了张爱玲的全部垃圾之后，难抑兴奋之情，给住在旧金山的C女士打电话，婉转告知她接受台北U报副刊的委托，已经住进张爱玲隔壁房间，正在等待比较合适的机会，看看能否进入张爱玲的房间采访。不过也许出于心虚，她略去了偷走张爱玲信件、翻检垃圾这些情节。

C女士接完戴文采小姐电话，惊呼非同小可，立刻给住在纽约的夏志清教授打电话。

夏志清教授接完C女士电话，也觉情势危急，不敢拖延，即刻打电话给庄信正，因为只有他知道张爱玲的电话号码。

庄信正总是隔一段时间就给张爱玲打个电话，问候近况，不过张爱玲是不大接电话的，十次电话大约有九次无人接听。

但是那次如有神灵，他打电话到洛杉矶，张爱玲一下子就接起了电话！

庄信正在电话里急急地把事由描述了一番。

张爱玲听完，并不枝蔓，只道"知道了"，便挂断电话。

第二天，庄信正又打电话给张爱玲，照旧没人接听。按与张爱玲的交往惯例，没人接电话并不表示她不在。庄信正不放心，又给住在洛杉矶的好友林式同打电话。这位好友接受庄信正之托，十多年里，一直负责协助张爱玲的租屋及搬迁事宜。

林式同接到庄信正电话，很默契很简洁地答道："没问题，已经搬好了。一天的工夫！"

再说戴文采小姐，竟不知道张爱玲已经搬走了。她仍然每天耳贴墙壁，却听不到一丝声响。起先她以为张爱玲病了，连电视也不看了。但是连着几天的沉寂无声，不免起了疑心；到管理员那儿询问，才知张爱玲早已搬走了！

经此一役，张爱玲对地址和电话的保密更是到达登峰造极的程度。

根据张爱玲的信件,她逃离了记者的追踪后,在林式同的帮助下,搬入了加州洛杉矶市湖泊南街433号322室。搬入日期大约在1988年6月。

一房一厅,没有家具,租金五百三十美元。

张爱玲觉得这个公寓太大太贵。

1988年6月26日,张爱玲在给宋淇夫妇的信里说:

"我告诉林(林式同)我搬家搬得筋疲力尽,再搬实在吃不消了,他答应代为保密。这地址我除了你们谁都不告诉,只用Wilcox Av(威尔考克斯大道)信箱。庄信正当然知道。"

虫患绵绵无绝期。

1991年11月1日的信中,张爱玲再度提到"虫子":"先些时我又因为逃虫患搬家,本来新房子没蟑螂,一有了就在三年内泛滥,杀虫剂全都无效。最近又发现租信箱处有蚂蚁……接连闹跳蚤蟑螂蚂蚁,又不是住在非洲,实在可笑。"

很多人都会认为这"人虫大战"不过是张爱玲的心病。夏志清夫人王洞不想轻易下判断:"我们不在洛杉矶,不晓得她到底住在什么样的地方。她可能有皮肤病,自己不知道,也可能是心理的关系,这就很难讲了。"

学者陈子善则将其归纳为作家敏感天性:"说有心理问题要有论证。但她肯定很敏感,不敏感很难成为大作家。"

王德威则干脆把张爱玲的疾病缠身上升到"现代主义美学观点的身体呈现":"你看西方或东方重要的几个现代主义大师,他们在身体的灼伤,或者病或者是在自残的倾向里面所显现的一种坚持。"

张爱玲的这段境遇,充满孤独、寂寞、慌张、诡异和离奇,如同里尔克的《哀歌》,人与天使的连接如此薄弱,一阵风就会吹散。在没有宗教庇护的旷野里,张爱玲用逃亡和绝望成就了自身。

最后的渡口,遗嘱

从好莱坞中国戏院出发,地铁转地铁,转公交车,经过著名的比佛利山庄、莫妮卡海湾,终点站加州大学下车(UCLA)。

正午的烈日下,无处问路。

凭着直觉,踩着自己的影子,一个街区一个街区地走去。一个路口被封了起来,在拍电影,女主角披着外套从屋子里出来,男主角迎上去,他们彼此挽着走出镜头。

趋前观西洋镜,这就看到了路牌,竟正是在寻觅的罗彻斯特大道,张爱玲人生居住的最后一个物理空间。

一阵狂喜。

于我而言,有关张爱玲的一草一木、一字一帖,都会引起内心的震动。这也是一种痴。

站在路的中段,向左,还是向右?遥遥的,闻见了张爱玲的气息,决定左拐。

左拐,一幢白色的建筑,豁然映入眼帘。曾在照片上无数次地进入这个空间,这个张爱玲生命最后的渡口。

担心精彩的电影太快进入尾声,拖延着故事最后时刻的到来——总是这样。

活着活着就老了。

1995年7月25日,张爱玲七十五岁了。

还是皮肤疾患,张爱玲去做日光浴,回来,已近午夜。

进得门,赶紧开了灯,换下外衣。

泡一杯埃及药茶,浅啜一口,缓过劲来,拾起换下的外套准备去洗衣房。一低头,就发现了心头大患,一只蚂蚁!一时花容失色,赶紧地把衣服塞进黑色的垃圾袋,扎紧了口子,坐电梯下得楼来,不敢扔在公寓的垃圾箱,担心会爬出来。细细的身子,佝偻着,拎着垃圾袋,失魂落魄状,硬是走了几个街区,才抛尸野地。回到公寓,依旧惴惴不安,担心留下虫卵。

这是一处典型的美国中产阶级的住宅区,街区建筑,在传统和现代之间找到了极佳的平衡。环顾四周,也未找见垃圾箱。可怜张爱玲,此时,已经无力搬家了。

罗彻斯特公寓招租广告牌

门厅一面镜子，仔细整理了衣冠，脸上略施几笔蜜粉，深呼吸，敲响张爱玲的门。一扇粉紫色的门，在走廊的尽头。

居然有人应门。

是一位韩国男生。在加州大学读数学。

说明来意，男生满脸狐疑和警觉。

又拿出机票和护照，他依然不信。

我问："你知道李安导演吗？他拍过张爱玲的《色·戒》。"

男生道："稍候。"

转身去电脑上搜索，搜出了李安的电影《色·戒》，也搜出了张爱玲的英文网页。

于是，很礼貌地侧身，让我进屋。

一步，跨入门槛，跨入张爱玲的领域，她的城堡，她的要塞，她自治的领地。

有些胆怯。

害怕张爱玲状告：入侵，擅闯。

张爱玲说："上海人还是可以见见的。"

我是张爱玲身后，第一个进入这个私人空间的上海人。

室内延续了张爱玲的风格，一尘不染，家徒四壁。住在这里的张爱玲，于在上海时的张爱玲，已然换了天地。

1944年，胡兰成去张爱玲的家，这样描述：

"第二天我去看张爱玲。她房里竟是华贵到使我不安，那陈设与家具简单，亦不见得很值钱，但竟是无价，一种现代的新鲜明亮几乎是带刺激性的。阳台外是全上海在天际云影日色里，底下电车当当地来去。张爱玲今天穿宝蓝绸袄裤，戴了嫩黄边框的眼镜，越显得脸儿像月亮。三国时东京最繁华，刘备到孙夫人房里竟然胆怯，张爱玲房里亦像这样的有兵气。"

这是胡兰成四十多年前的话。

像是说另一个人，也叫张爱玲。

前世今生。

前世的张爱玲对都市的繁华充满眷恋，而且这个都市只能是上海，不能是香港或者广州，当然，更与美国西海岸的某个遥不可及的城市无关。

张爱玲说："我不想出洋留学，住处我是喜欢上海。"

在《公寓生活记趣》里，张爱玲把她对上海的眷恋如实道来："公寓是最合理想的逃世地方。厌倦了大都会的人们往往记挂着和平幽静的乡村，心心念念盼望着有一天能够告老归田，养蜂种菜，享点清福。殊不知在乡下多买半斤腊肉便要引起许多闲言闲语，而在公寓房子的最上层你就是站在窗前换衣服也不妨事！"

张爱玲最好的日子全被胡兰成带走了。他们最好的日子是在沪上的公寓里，壁上一抹斜阳，他们并肩看画册，如梦如幻，两人像金箔银纸剪贴的人形，男的废了耕，女的废了织，只在床帷厮磨，欲仙欲死。

1944年，张爱玲与胡兰成结婚，婚书上写："胡兰成张爱玲签订终身，结为夫妇。岁月静好，现世安稳。"有点像决心书。

可惜，恋人的誓言是无法到达上帝的耳畔的。

纷乱的世道，夫妻本是同林鸟，大难临头各自飞。张爱玲却有对人生的坚执。她对胡兰成道："那时你变更姓名，可叫张牵，又或叫张招，天涯地角有我在牵你招你。"

1966年11月4日，她在给夏志清的信中说："胡兰成书中讲我的部分缠夹得奇怪，他也不至于老到这样。不知从哪里来的quote（引用）我姑姑的话，幸而她看不到，不然要气死了。"

1975年12月10日，她在给夏志清的信中道："三十年不见，大家都老了——胡兰成会把我说成他的妾之一，大概是报复,因为写过许多信来我没回信。"

张爱玲是亮烈难犯的。

她要回应胡兰成,回应她人生节点中的关键事件。

1994年10月5日,张爱玲在给庄信正的信里道:

"……我正在写的《小团圆》内容同《对照记》,不过较深入。"

此信证明,小说《小团圆》的自传性质。

在《小团圆》里,张爱玲一个也不放过,比胡兰成更凌厉地揭露了更为隐秘的私事。

有人热衷将《小团圆》里的人物对号入座,实在是因为这部小说具有强大的自传性的基因。

因为《小团圆》不适合在当时出版,于是,张爱玲姑且出版了《对照记》。

《对照记》是缩小版的《小团圆》。

写作这本书的日子,是一段温暖的日子。

她又回到了母亲的铜床上,在青丝被面上,摆出一张一张照片:

外曾祖父李鸿章,祖父张佩纶,祖母李菊耦,父亲、母亲,姑姑,弟弟……

李鸿章,晚清四十年的历史,每一页都有他的签名。

父亲和姑姑说起他的名字,都故意压低了嗓子。他是一个裱糊匠,糊一个千疮百孔的大清王朝,就连他女儿的婚姻,也就是张爱玲祖母的婚姻,也是他亲手糊的一盏纸灯笼。

祖父张佩纶,也是清廷著名的朝官,喝饱了酒就写奏折,反腐败,弹劾官员,奏一个倒一个,满朝官员,怕他,也恨他。他主战。中法海战,大清的海军一败涂地。传说他是顶着铜脸盆逃出来的,从此被贬。李鸿章爱才,把他招为幕僚,还把自己的千金许配给他做填房。可怜奶奶,多美的一个人儿呀,嫁给祖父做填房时,她二十三岁,祖父四十岁,还有肝病。听说李鸿章心疼女儿,派人漏夜送大闸蟹。于是才有了月下温酒煮诗的浪漫桥段。

张爱玲曾经保存一个绣花荷包,是她祖母留下来的荷包。这女红,貌似漫不经心的描龙绣凤,其实,针针线线都刺在了心尖上。心碎了,是会淌血的。荣耀的背后总是悲剧。如果她还有时间和体力,她是一定要写一部李鸿章的史诗的。比《哈姆雷特》、比《李尔王》更悲壮。

祖母三十几岁就守寡,还没有来得及绽放却已是老了。姑姑说,春天,海棠开的时候,奶奶扶着丫鬟的肩头,一步三摇,去院子里看花。她身上有悲,一朵一朵,如桃花的芯子。她身边的丫鬟说,老太太那个省哦,连手纸也省,担心坐吃山空。命运就是这样防不胜防,她的防卫又是这样卑微无望。

张爱玲写道:"我没有赶上看见他们。他们只静静地躺在我的血管里,等我死的时候,他们再死一次。我爱他们。"

对于不会说话的人,衣服是一种语言,随身搬演着的袖珍戏剧。

写累了,揽过母亲留下的箱子,穿一件清朝大镶大滚的袄,下摆处露出一节宝蓝色旗袍,一双平金牡丹戏凤绣花鞋,头发短得像朋克,一副玳瑁鹅黄色眼镜,托一壶茉莉香片,唇是香奈儿的茶花红。斗室里,青衣身段袅袅踱步。忽地闻见京胡声,那是老宅子里,父亲、继母、陆小曼在二楼票戏。

搁下茶壶,拧亮落地灯,居室瞬间灿烂辉煌。

"风淅淅,雨纤纤。难怪春愁细细添。记不分明疑是梦,梦来还隔一重帘。"

她在镜子前顾影自怜,选出一副翡翠耳环,比画了一番,搁下,又拣起一副红宝石耳环,一一地用心戴上,那是母亲给她的念想。

自小,张爱玲认定自己是天才,也是家族的基因吧。

1992年2月,张爱玲去文具店买授权书时,顺便买了遗嘱表格。14日,张爱玲在美国加州洛杉矶市比华利山立了一份遗嘱,在法定公证人与其他三位证人面前宣誓完成,一切依照当地法律。遗嘱很简单,只有三点事项:

"第一,我去世后,我将我拥有的所有一切都留给宋淇夫妇。第二,遗体立时焚化——不要举行殡仪馆仪式——骨灰撒在荒芜的地方——如在陆上就在广阔范围内分撒。第三,我委任林式同先生为这份遗嘱的执行人。"

1992年2月25日,她写信给遗嘱受益人宋淇夫妇:

"如果我的钱有剩,那么,(一)用在我的作品上,例如请高手译,没出版的出版,如关于林彪的一篇英文,虽然早已明日黄花。(《小团圆》小说要销毁)这些我没细想,过天再说。(二)给你们俩买点东西留念。即使有较多的钱剩下,也不想立基金会作纪念。"

无论处在何种境况之中,她始终没有放弃对文学的承诺。

花开花落、雁去雁来,人生本来的色泽终要一点一点显现、落定。

抬头间,没有四季的洛杉矶,一声叹息,已然到了1995年。

7月,张爱玲放弃了再次搬家的计划。

单是日光浴,每天便耗去了十三小时。

过分的照射,引起灼伤,生发新的伤口,她日日与新鲜的淌血的伤口相伴。

她累了。

独居,不再是欢愉,而是没有期限的囚禁。

这个最后的居所,张爱玲把自己形容成老鼠洞里的人,不见光。

她决定撒手。

她说,人生最可爱的当儿便在那一撒手罢。

1995年9月8日,中午12点多,林式同倚在沙发上,正在读着昨晚没有读完的报纸,电话响了。

听筒那边,自报家门是张爱玲的公寓经理,一位很漂亮的伊朗女子,林式同见过她。

她道:"你是我知道的唯一认识张爱玲的人,所以我打电话给你,我想张爱玲已经去世了!"

"什么,不可能!不久前我才和她讲过话。"林式同本能道。

"我已叫了急救车,他们快来了。我想他们已在大门口了",她语气急促。

林式同突然记起遗书的事,对着电话喊:"我有遗书!"

"好!"她道。电话挂断了。

短暂的情绪休克。

几分钟后,林式同从惶惑中惊醒。

十多年来与张爱玲的交往,张爱玲各个时期的形象,张爱玲电话里的北方话,一帧一帧,以平行蒙太奇的方式播放着。

电话又响了,一个男音说:"这是L. A. P. D(洛杉矶警局),你是林先生吗?张女士已经去世了,我们在这儿调查,请你等二十分钟以后再打电话来,我们在她的房间里,你有这儿的电话号码?"

警局要证实林式同与张爱玲的熟悉程度。

二十分钟就是一个世纪。

林式同拨通了张爱玲公寓的电话。

警察告知林式同,带着遗嘱即刻过去。

下午3点,林式同到达张爱玲的住所。

验明正身后,警察允许他进入张爱玲的房间。

时间瞬间凝固:日光灯还亮着,张爱玲躺在靠墙的行军床上,头发很短,如一个男孩,手脚自然平放,神态安

走到底,紫色的门,张爱玲在人世间的最后场域

详,身下垫着一床灰蓝色的毯子,那是她喜欢的颜色,也是她母亲喜欢的颜色。靠窗一叠纸箱,这便是张爱玲的写字桌了。

"孤寂",这个词,好似一声钟鸣。

不停地变换住所,不接电话,不开信箱,不见客人,吃着快餐食品,彻夜开着电视和电灯,怕黑怕寂寞却又拒绝尘世间的一切热闹和烟火,这便是晚年张爱玲的生活常态。

地上堆着许多纸袋,里面放着衣服和杂物。

逼仄的浴室没有毛巾,到处是纸巾。拖鞋和餐具,一律是一次性的材质。一个贵族女性,对物欲的淡漠,彻底到如此境界,亦是令人震动。

据法医检验,张爱玲大约死于六七天前,也就是9月1日或2日,死因是心血管疾病。

张爱玲对自己的死是有准备的。

她躺下之前,有条不紊地整理好了各种证件和信件,装进一只黑色手提包,放在门边最易被发现的桌上。

所有战争片里最恐怖的一幕,因为完全是等待。

她无须等待了。

可以发生的都发生过了。

安然了。可以躺下了。

想到在午夜安然地离别,心中竟是狂喜的。

渐次地,这光在瞳孔里形成了一条光束,她向前跑去,在更深的地方,她听见了声音,在一条弧线形的小道上,她闻到了初夏栀子花的味道;这个季节的每一种芬芳,占据了她的心灵。一个陡坡,她一脚踏空,扑倒在地,膝盖和手臂,殷殷血迹,她不能动弹,不能继续,她呼救,可是声带是喑哑的。

她来到一片空地上,一张巨大的床,白色的床单如天上的云朵。

他说:"二次世界大战要结束了。"

鱼在她的体内摆动着。

她略一呻吟,拽住他的肩道:"希望它永远打下去。"

她并不觉得良心上的内疚,为的是可以和他在一起。

她整个的黄金时代都消耗在第二次世界大战中。

她是黑暗中的一朵莲花。

音乐袅袅地飘来,托着她,一座松树林,美丽的如同白雪公主的领地。有几个孩子在碧蓝的天空下,都是她的。

他出现了,微笑着拉她去小木屋。

她忽然羞涩起来，两人的手臂拉成一条直线。

她笑着说："现在的海枯石烂也很快。"

出现了其他的女人，都穿着古希腊的衣服，四个，五个，都是她之前和之后的女人，她加入了这个队伍，她始终没能理解他的某种本质的东西。

大约，是她故意不想看见。

越走越远，简直是荒芜起来，却是停不下来，终于听见一个细细的声音在唤她，珍珠般的声音，那是她的母亲。

"今夜如此明亮，像我们渴望自己死去的样子。"

张爱玲去世后，作为张爱玲在美国最亲近最可靠的朋友和现场见证人，林式同忠实地执行了她的遗愿。

9月30日，张爱玲生日那天，她的骨灰撒在太平洋里。

富丽的死亡，一个人的圣经。

"殿堂的幔子从上到下裂为两半。"

张爱玲，她的寂寞、她的孤独、她的文字，等待着重新的审视。

附录 张爱玲异域文学年表

1952—1953 年

7月,张爱玲以"继续因战事而中断的学业"为由,持港大证明离开上海,迁居香港。初期,寄居在香港基督教女青年会,独居一室,以翻译维持生计。

11月,因炎樱在日本,张爱玲赴日找寻工作机会;未果,又回到香港。与港大发生纠纷。

在美国新闻处,先后翻译了海明威《老人与海》,玛乔丽·劳林斯的《小鹿》(后更名为《鹿苑长春》),《爱默森选集》,华盛顿·欧文的《无头骑士》。

张爱玲说:"译华盛顿·欧文的小说,好像在同自己不喜欢的人说话,无可奈何,逃又逃不掉。"

用英文写作长篇小说《秧歌》(*The Rice-Sprout Song*)并用宋淇先生家的牙牌签书,卜算此书的命运。

《秧歌》由知名的斯克里布纳之子公司(Charles Scribner's Sons)出版。

《纽约时报》《时代周刊》予以积极的评价。

《秧歌》第一版很快售罄。

1954 年

中文版《秧歌》于《今日世界》第 44～56 期连载,连载结束,7 月出版单行本。

胡适将《秧歌》看了两遍后赞赏有加:"写的真细致、忠厚……近年我读的中国文艺作品,此书当然是最好的了。"

《秧歌》之后,动笔写作《赤地之恋》。

在宋淇殷勤张罗下,著名影星李丽华与张爱玲会面,李丽华邀请张爱玲写剧本。张爱玲连茶点都不曾用,礼貌寒暄,蜻蜓点水,走了。

1955 年

深秋,搭乘克利夫总统号邮轮赴美。行前宋淇为她预支剧本稿费解决其经济困境。

抵达纽约。先借住炎樱家,而后搬入救世军的女子宿舍。向图书馆借阅多部剧本预备改编成中文电影,完成《人财两得》和《情战》。

拜会胡适。

1956 年

3 月,获得新罕布什尔州彼得堡的麦克道威尔文艺营(MacDowell Colony)写作补助,写作《粉泪》(*Pink Tears*)。结识左翼作家赖雅(1891—1967 年)。

5 月 12 日,赖雅去与张爱玲的住处同房。

5 月 14 日,赖雅离开营地。

7 月 5 日,赖雅收到张爱玲的信,信中告知怀孕了。

8 月 14 日,两人在纽约结婚。堕胎。

在美国杂志《报道者》(*Reporter*)发表英文小说《五

四遗事》(*Stale Mates*)。

10月,赖雅夫妇搬到新罕布什尔州的彼得堡镇。

1957—1958年

夏济安、宋淇等人编辑的《文学》杂志,于1月20日第1卷第5期,刊登张爱玲自译的《五四遗事》。

3月,《秧歌》由哥伦比亚广播公司改编成剧本在电视播出,刚好被张爱玲看到,评语是"惨不忍睹"。

张爱玲为电懋编写的《情战》改名为《情场如战场》上映,演出阵容强大:导演岳枫,四大头牌明星林黛、秦羽、张扬、陈厚出演,票房打破香港"国语"片有史以来的记录。

邝文美撰写《我所认识的张爱玲》,在《国际电影》7月号刊登。笔触诚恳亲切,把张爱玲描写为不出世的天才。

《文学》杂志刊登夏志清的《张爱玲论》,由夏济安翻译。

《赤地之恋》改写的英文小说 *Naked Earth* 卖不出英美版权,由友联出版社出版,燕云写序。

8月,母亲黄逸梵英国病重,张爱玲寄去一百美元和相关作品。母亲孤独病死在英伦,将最后的遗产留给了张爱玲——一大箱古董。赖雅说,那是一只充满了悲伤的箱子。日后,赖雅夫妇在窘困中,屡屡变卖珠宝换取面包。

进行自传性长篇 *The Book Of Change* 的撰写,后分为 *The Fall of the Pagoda* 和 *The Book Of Change* 上下两部。

7月,由胡适作保,申请到加州亨廷顿基金会半年奖金。7月26日,赖雅67岁生日,立下遗嘱,将个人财产全部留给张爱玲。

11月13日,张爱玲向亨廷顿基金会报到。

1959年

4月,张爱玲编剧的《桃花运》在香港上映,新星叶枫一炮而红。

5月,张爱玲和赖雅移住旧金山,居住在布什街125号25室。

8月14日,第四个结婚纪念日,赖雅夫妇以意大利餐、电影、咖啡、蛋糕庆贺了这一天。一种"执子之手"

的温暖。

9月,张爱玲翻译的《荻村传》取英文名为 *Fool in the Reeds*,由香港霓虹出版社(Rainbow Press)出版。

11月,张爱玲收到美国入籍通知,开始办理各种手续。

12月,闺蜜炎樱告知,《粉泪》未被出版商接受。张爱玲大哭。

1960年

1月,张爱玲编剧的《六月新娘》上映,由葛兰、张扬、乔宏三位一线明星主演。该片系为大婚在即的葛兰量身定做。

7月12日,在旧金山宣誓成为美国公民。

1961年

岁月静好中的张爱玲,重新拾起竞逐美国文坛的野心。她飞抵台湾,搜集张学良资料,准备创作《少帅传奇》。

10月14日,美国新闻处的麦卡锡夫妇宴请张爱玲,由吴鲁芹、殷张兰熙及《现代文学》诸员白先勇、王文兴、陈若曦、欧阳子、王祯和、戴天陪同。

张学良拒访,张爱玲先由画家席德进陪同四处走访,与表侄女张小燕会面;在王祯和的陪同下,到花莲欣赏丰年祭。途中接到赖雅中风的不幸消息。得知赖雅病情已稳定,便赶赴香港赚钱,还文字债。

写成剧本《南北一家亲》(《南北和》续集)。

《今日世界》刊登张爱玲翻译的《爱默生的生平和著作》《梭罗的生平和著作》

1962年

2月24日,胡适在台湾突发心脏病去世,得年七十一。

3月16日,张爱玲离港。

开始写作英文版《少帅传奇》。

1963 年

3 月 28 日，张爱玲在美国《报道者》杂志发表英文散文《重访边城》（*A Return to the Frontier*）。

将《粉泪》改写成《北地胭脂》（*The Rouge of the North*），这两部作品均脱胎自《金锁记》。

赖雅不断中风，最终瘫痪卧床。张爱玲创作锐减。

1964 年

乔志高做东，邀请夏氏兄弟、陈世骧与张爱玲华府餐聚。

6 月 20 日，陆运涛夫妇率领周海龙、翁美丽夫妇及电懋明星团飞往台北支持亚太影展，台湾官方安排一行人赴台中参观故宫国宝。回程不幸在神冈上空坠机。

7 月 24 日，宋淇制片、拍摄时间长达一年的《一曲难忘》在香港上映，同场加映《拿督陆运涛之丧新闻特辑》。

9 月 9 日，《南北喜相逢》在港上映，是电懋最后一部黑白片，张爱玲的电影编剧生涯至此告终。

张爱玲向迈阿密大学申请驻校作家,申请过程中和港大再起纠纷。

发表《爱默森选集》译者序。

1965年

委托夏志清教授寻找工作。

表达了翻译《海上花列传》的意愿。

1966年

《怨女》开始在《星岛晚报》连载。

改写《十八春》为《半生缘》。

暑假,夏志清访台,得张爱玲委托处理《怨女》出书事宜。

9月,张爱玲动身前往迈阿密大学。在赴迈阿密前她把赖雅送至赖雅女儿菲丝处照顾;因菲丝自身家务繁重,又将赖雅送回。为此两人不悦。

1967年

4月,张爱玲在纽约居住了两个月。崴了脚。

夏志清约喝茶吃饭,被婉拒。

托夏志清购买《海上花列传》原著。

根据夏志清《张爱玲给我的信件》第100页,引邝文美言,张爱玲在纽约再次堕胎。如这种说法得到进一步佐证,将又是一颗人肉炸弹。

获邀担任美国瑞德克里夫女子学院驻校作家,将吴语小说《海上花列传》译为英文。

遇见著名汉学家韩南,借哈佛大学燕京图书馆之便,开始写作《红楼梦魇》。

应於梨华邀请赴纽约州立大学演讲。

10月8日,赖雅去世,得年七十六岁。

英文散文 *The Rouge of the North* 由伦敦的卡塞尔公司(Cassell and Company)出版,评论界的反应是"书中人物令人作呕"。

《海上花列传》英文翻译完成了前十回。

1968年

2月,发表《忆胡适之》。

由《十八春》改写的《半生缘》,以《惘然记》书名,在《皇冠》杂志连载。

申领到三千美元翻译费,继续翻译《海上花列传》。

6月起,皇冠文化连续出版《怨女》《秧歌》《流言》《张爱玲短篇小说集》,封面一律采用张爱玲最喜爱的"月亮"意象作不同的设计变换。

7月,台湾女记者殷允芃执夏志清介绍信,采访张爱玲。

在哈佛搬家,丢了一箱子书。

《海上花列传》前三十回已经完成翻译。

1969年

3月,皇冠文化出版《半生缘》。

因为兴趣转向《红楼梦》,没有按照约定完成《海上花列传》的翻译工作。

6月,《海上花列传》还剩十四回未完成翻译。

到处申请基金,希望多赚钱,可以做宅女,坐在家里写作,不必出去做事。

7月间,张爱玲受聘于加州大学伯克利分校,在陈世骧主持的中国研究中心任高级研究员,主要研究范围是中共专用术语,并用英文解释。

1970年

宋淇身体痊愈,入香港中文大学工作,晚年工作重点放在典籍翻译,并不时帮张爱玲代理作品出版。

夏志清出版包括《张爱玲的短篇小说》和评《秧歌》的著作《爱情·社会·小说》,在台湾学术圈影响广泛,张爱玲的名字在台湾开始发酵,被认为是"五四"以后成就最高的作家之一。

1971年

频繁感冒,耽误了必须完成的工作。

夏志清主编的《二十世纪中国小说选》(*Twentieth-*

century Chinese Stories),由美国哥伦比亚大学出版社出版,收入张天翼、沈从文等中国二三十年代作家及台湾现代作家的作品,其中包括张爱玲的《金锁记》(作者自译),被美国各大学的中国现代文学研究课程采用,张爱玲的名声逐渐在中文系传扬开来。

2月2日,接受布莱希特研究者詹姆士·莱昂专访。

4月,张爱玲在中国研究中心工作,因不遵守劳动纪律,人际关系荒疏,论文未被通过,被解聘。

6月10日,在给夏志清教授的信中提到,准备约见水晶。

约见水晶,接受了长达七小时的访问。

采访地址:加州伯克利杜伦路2025号307室

1972年

这一年,三分之一的时间继续在感冒,多半卧床。动念搬到凤凰城。

4月,完成了解聘前应该完成的有关"文革"的论文《文革的结束》和《知青的下放》。

5月,将此论文邮寄给夏志清教授。

6月,联系出版此论文的事宜。

年底,《怨女》英文首二章在格罗夫出版社(Grove Press)发表。

在学者庄信正帮助下,迁居洛杉矶,开始隐居式生活。

地址:加州洛杉矶市好莱坞区金斯利北街1825号305室,CA90027

1973年

在《皇冠》杂志发表红学论文。

唐文标开始张爱玲佚稿的挖掘活动,当初未写完的《连环套》《创世纪》被唐拿到杂志抢登,台湾的"张爱玲传奇"开始发轫。

水晶出版《张爱玲的小说艺术》,夏志清作序。书中除了张爱玲访问记,还运用比较文学的技法分析张爱玲《第一炉香》和亨利·詹姆斯的《仕女图》,被推崇为"五四"以来最顶尖的文笔。

安宁地度过了一个圣诞节。

1974年

张爱玲的地址开始在《中国时报》及《联合报》编辑群曝光。台湾"中国时报"社长余纪忠指示《人间》期刊寄一万美元的订金预约张爱玲文章,张爱玲婉拒。当时,一万美金相当四十万台币,张爱玲的稿费打破之前梁实秋的纪录,创下天价;三万字的散文《谈看书》和《谈看书后记》,在高信疆主持的《中国时报》,连续九天以头条刊载。

始知1940年代写评论批评自己的"迅雨"便是翻译家傅雷。

经济原因,在宋淇建议下,准备研究丁玲。

表明自己的写作标杆是《红楼梦》《海上花列传》。

7月,《小团圆》已完成一半。

胡兰成应邀赴台湾阳明山文化学院(后改名文化大学)任教,开设《华学科学与哲学》课程,远景出版公司沈登恩得知"张爱玲以前的先生"在台湾,好奇心起,上阳明山登门造访。胡兰成拿出旧作《山河岁月》和《今生今世》希望沈登恩出版。沈登恩连夜读完描写张爱玲的

《今生今世》,第二天一早再上阳明山;胡兰成希望"先印《山河岁月》,再印《今生今世》"。

1975年

胡兰成与沈登恩的远景出版社就《山河岁月》《今生今世》签订出版/让受契约,约定为"永久出版"。《山河岁月》上市后销路不佳。

张爱玲对胡兰成在书中把自己写成了他的小妾很是不满。

1976年

经由宋淇接洽,香港丽的电视(后改组为亚视)拍摄张爱玲的《半生缘》,由李影、黄莎莉主演。

3月,香港文化·生活出版社出版《张看》。

首次透露《小团圆》初稿十八万字,为夏志清教授定制。

4月,透露《小团圆》太过写实,需要修改。

5月,皇冠文化出版《张看》,张爱玲十分重视,亲自设计封面。出版前宋淇、邝文美联手撰写《私语张爱玲》，张爱玲成为传奇。《张看》出版一个月后即再版，刷新张爱玲在台湾的销售纪录。

6月，《今生今世》出版。出版时借张爱玲之名大行其道。

因胡兰成汉奸身份及《山河岁月》中歪曲抗战的描写，文化学院受到巨大的压力，取消了胡兰成的聘书。"张迷"朱西宁经林怀民介绍，偕妻女上山访胡。胡兰成离开文化学院移居朱家隔壁，并指导朱天文、朱天心姐妹和仙枝写作。朱西宁写信向张爱玲请示写作《张爱玲传》的构想，张爱玲认为朱西宁受到胡兰成影响，从此断绝往来。张爱玲将《易经》改写成"类自传"的长篇小说《小团圆》，并已预定出书前在《皇冠》《联合报》连载。在宋淇阻止下，身前未出版。

其间发表的作品有：

《红楼梦魇》自序、《张看》自序。

同年，胡兰成返日。

1977年

4月，朱天文集合同学成立三三集刊社，成为培养

"张派"小说家的大本营；除了朱天文、朱天心外，苏伟贞、袁琼琼、钟晓阳、丁亚民、林俊颖等小说家皆曾为该社成员。两年后，成立三三书坊出版社。1979年，出版胡兰成化名为李磐的著作《禅是一枝花》《中国礼乐风录》《中文学史话》。1980年出版《今日何日兮》。

6月，谈到《小团圆》修改的麻烦。

8月，《红楼梦魇》由皇冠文化出版。

不断尝试《赤地之恋》再版事宜。

秋，夏志清的《中国现代小说史》中文版分别在友联出版社及传记文学出版社出版，张爱玲在台湾文坛的声望已凌驾所有中国新文学作家之上。

1978年

《赤地之恋》由台湾慧龙文化有限公司出版。夏志清作序。

4月11日，在《中国时报·人间》发表《色·戒》，再度引起风波。

8月，在给夏志清的信中言明《浮花浪蕊》女主角出自自己。认为《同学少年都不贱》写得很坏，搁开去了。

认为自己写作遇到瓶颈，特别是素材，冲不破旧有的局限。

10月1日,台湾小说家张系国以笔名"域外人"在《中国时报·人间》发表《不吃辣的怎么胡得出辣子?——评〈色·戒〉》,认为"歌颂汉奸的文字——即使是非常暧昧的歌颂——是绝对不值得写的"。

11月27日,张爱玲发表《羊毛出在羊身上——谈〈色·戒〉》,回应"域外人";夏志清教授在《新文学的传统》中,用文字声援了张爱玲。

12月,《相见欢》在《皇冠》杂志发表。

自言身体虚弱。

1979年

改写《小团圆》。

姑姑张茂渊写信,预祝张爱玲六十大寿。

根据姑姑的记忆,张爱玲出生日为阴历八月十九日。

1980年

完成《海上花列传》的中文评注翻译。

7月，胡兰成在日本家中去世。

张爱玲得知后说："《大成》与平鑫涛两封信都在我生日那天寄到，同时得到七千多美元（其中两千多是上半年的版税）与胡兰成的死讯，难免觉得生日礼物。"

姑姑张茂渊与李开第在上海结婚。

9月，《海上花列传》，完成了四十六回的翻译。

11月，张葆莘的《张爱玲传奇》，在上海《文汇月刊》发表。时隔数十年，张爱玲的文字重回上海。

年底，与夏志清讨论《海上花列传》翻译本出版事宜。

1981年

完成了《海上花列传》的全部翻译，准备将前两回发表在译丛上。写信给夏志清教授，恳请代为写序。

开始看牙医。

1982年

修改英译《海上花列传》。

为了获得更大的可能的销路，拒绝了夏志清关于《海上花列传》作为学术书籍在哥伦比亚大学出版社出版的建议。事实证明这是一个重大的错误决定。

中文版《海上花列传》开始在《皇冠》杂志连载。

影星卢燕意欲将《沉香屑》改编成电影。

1983年

《倾城之恋》描述的浅水湾酒店拆除,香港导演许鞍华说服邵氏开拍电影《倾城之恋》,将酒店拆除的材料运到邵氏影城,重建浅水湾酒店的场景。远嫁美国的缪骞人返港,和周润发分别出演白流苏与范柳原。戏开拍了才发现没购买版权,宋淇开出一万五千美金的高价。此片于1984年公映。

皇冠每年四千美元左右的版税成为其固定收入。

1984年

台湾导演但汉章拍摄电影《怨女》,版权费高达一万五千美金。日后,关锦鹏的《红玫瑰与白玫瑰》,版权费两万美金。丰厚的版权收入给张爱玲的生活带来了极大的保障。

2月,《皇冠》杂志创刊三十周年推出一百种新书,附上名画家奚淞配图的张爱玲的《海上花续集》和梁实秋的《看云集》《雅舍译丛》、白先勇的《明星咖啡屋》、宋淇的《文字与翻译》同时列名为"新书百种"的招牌。其中《海上花续集》已在1983年底先行出版。

5月,《惘然记》由皇冠文化出版,销路很好。

北京《读书》和上海《收获》杂志,先后发表柯灵的怀旧文章《遥寄张爱玲》,《收获》杂志还同时刊登了《倾城之恋》。自此,张爱玲作品重回上海。

6月,为躲避虫患,张爱玲开始了病态的搬家。

最先搬移到附近一个很平民的公寓。

地址:1747 N. Serrano Ave. Apt. 216,LA,CA-90027

1985年

8月,上海书店出版社出版了1944年12月版的《流言》影印本,1987年3月又出版了《传奇》(增订本)影印本。其他多家出版社彩印或编印了多部张爱玲的小说集。

温儒敏、钱理群、吴福辉合著《中国现代文学三十年》出版。书中,张爱玲和周作人、沈从文、钱锺书等以前未入文学史或者不被重视的作家首次进入主流文学史。《中国现代文学三十年》印数达到六十多万本,是大学现代文学教学覆盖面最广的教材。

张爱玲继续在跳蚤及皮肤病困扰下,不断搬家,开始在洛杉矶无数个汽车旅馆飘移。

三搬当一烧。

在多次奔波、仓促搬家的过程中,遗失了翻译了十多年的英译《海上花列传》修订稿。发现后报警。

水晶写了《张爱玲病了》,张爱玲与其绝交。

1986年

继母孙用蕃在上海病逝。张子静退休。

上海学者陈子善挖掘出中篇小说《小艾》。

台湾影星兼制片人徐枫向宋淇接洽购买《沉香屑:第一炉香》。

根据《怨女》改编的电影公映。夏文汐、高枫主演。

1987 年

《余韵》由皇冠文化出版。
《明报月刊》登载《小艾》,很轰动。

1988 年

3月,困扰张爱玲多年的虱症之皮肤病治好,结束了流浪生涯,重新开始宅女生活。

地址:245 So. Reno St. Apt. #9, Los Angeles

王德威教授认为:张爱玲的"病"与"病态"几乎有了身体艺术的意味。就像卡夫卡、芥川龙之介、贝克特这些现代主义的作家们一样,在人与虫的抗战里,在地狱裂变的边缘上,张爱玲用身体、病态、生命在炼狱里挣扎。

台湾记者戴文采采访张爱玲不得,在张不知情的情况下,搬至隔壁单元,并捡拾张爱玲的垃圾进行探案般的研究。张爱玲经於梨华、庄信正、林式同告知后紧急搬家。

搬家后的地址:433 S. Lake St. Apt. #322, Los Angeles

1989 年

3月,外出,被撞。右肩骨裂。
之后陆续发表《草炉饼》《"嗄?"?》
意图收回《赤地之恋》的版权。

1990 年

姑姑张茂渊邀请张爱玲回上海探亲,张爱玲婉拒,但寄钱给姑姑和李开第,邀请他们到洛杉矶旅游。

6月,夏志清与家人在伦敦游玩一周,很是愉快,建议张爱玲也去看看。张爱玲曾考取伦敦大学,因为战争搁浅。

张爱玲回信夏志清,称对游玩没有兴趣,正在为出版全集忙碌。

1991 年

张爱玲亲自校订的《赤地之恋》由皇冠文化出版。

徐枫出重资拍摄根据张爱玲与胡兰成乱世情缘改编的电影《滚滚红尘》。三毛编剧，秦汉、林青霞、张曼玉出演，影片大获成功。

又开始患虫症，4月，动念再次搬家。

5月，申请补办丢失的美国公民身份证。

6月，姑姑张茂渊在上海去世。

7月，在林式同帮助下，搬入10911 Rochester Ave. ♯206，LA，这是张爱玲在俗世间最后的域场。

1992年

2月14日，张爱玲立"最终遗嘱"。

遗嘱主要内容：一、一旦弃世，所有财产将赠予宋淇先生夫妇。二、希望立即火化，骨灰应撒在任何无人居住的地方，如在陆地，应撒在荒野处。

2月27日，张爱玲写信给林式同，委他为遗嘱执行人。

7月，安徽文艺出版社出版了四卷本《张爱玲文集》，张爱玲的作品开始规模性地在中国大陆流传。

为出版全集而写作。

预告《小团圆》即将出版，在港台再度掀起轰动。

1993 年

小说《封锁》由夏志清的学生翻译成英文(张爱玲自己也曾翻译过此小说)。

《对照记》在《皇冠》杂志连载。

1994 年

感冒延续了一整年,精神不济,稍事劳作,便得歇息半天。

关锦鹏根据张爱玲小说《红玫瑰与白玫瑰》改编、导演的同名电影公映,陈冲、叶玉卿、赵文瑄等主演。

皇冠文化出版共达十五册的《张爱玲全集》。她原本同意将《小团圆》在 2 月的"皇冠四十周年庆"时刊出,出版单行本,但最后未如愿。

5 月 2 日,给知遇之恩的夏志清教授写下了最后一封信。

信中除了陈述病状外,表达了自己作品被别人翻译是一种痛苦的意向。

6 月,《对照记——看老相簿》出版,成为张爱玲生前最后一部作品。

秋天,张爱玲凭《对照记》获得第十届时报文学奖的"特别成就奖"。

10月5日,她在给庄信正的信里说:"我正在写的《小团圆》内容同《对照记》,不过较深入。"

12月3日,她在《中国时报·人间》发表得奖感言《忆西风》。

1995年

5月,收到导演王家卫购买《半生缘》电影版权的信函。

5月17日,写信给林式同,动念移居拉斯维加斯。

9月8日,张爱玲的房东发现她逝世于加州洛杉矶西木区罗彻斯特大道的公寓,终年七十五岁。张爱玲的遗嘱执行人林式同接到房东和警方电话后立刻赶到现场:张爱玲躺在一张行军床上,身下垫着蓝灰色的毯子,头朝着房门,头发很短,遗容安详;电视机、落地灯、日光灯都开着。据法医和殡仪馆的结论,到被发现为止,张爱玲已经死亡六七天以上,直接死因为动脉硬化心血管疾病。

9月19日,林式同遵照张爱玲遗愿,将她的遗体在洛杉矶惠提尔玫瑰岗墓园火化。9月30日,林式同与张错等治丧小组 6 人，和着玫瑰花瓣，将其骨灰撒入太平洋。

1996 年

宋淇去世。

张爱玲唯一的弟弟张子静，去买酒，血管破裂，死在弄堂里一根电线杆下。终身未婚，因为没钱。

1997 年

美国南加州大学成立"张爱玲文物特藏中心"，得到宋淇遗孀邝文美的同意，捐赠了两箱张爱玲的遗稿，其中有《海上花列传》的英译未定稿。

许鞍华根据张爱玲小说《半生缘》改编导演的同名电影公映，黎明、吴倩莲主演。

10 月，张爱玲的闺蜜炎樱在纽约去世。

1998 年

侯孝贤根据张爱玲注译的《海上花列传》拍摄了电影

《海上花》，朱天文担任编剧。

2004年

2月，皇冠文化集团五十周年社庆，推出张爱玲的遗作《同学少年都不贱》。

2005年

在王德威主持下，《海上花列传》英译版，由哥伦比亚大学出版社正式出版。英文书名叫 The Sing-song Girls of Shanghai。

天津人民出版社出版了合集《沉香》。此书收录张爱玲以往未曾正式结集出版的散文、电影剧作（包括《不了情》《太太万岁》《一曲难忘》《伊凡生命中的一天》）、亲笔插画和个人遗物的照片；封面装帧极具张爱玲味——亮丽的桃红色，以及翠蓝；书中许多细节都是在专家的悉心考证下最后确认的。比如剧本《一曲难忘》由香港科技大学郑树森教授根据油印本整理而成，因为原稿的模糊，也留下了些许存疑文字。张爱玲根据俄罗斯作家索尔仁尼琴

《伊凡生命中的一天》改编的广播剧本,得益于翻译家乔志高的悉心保存。《不了情》这个连张爱玲自己都痛惜已经散佚的电影,被编者陈子善教授在 VCD 碟片中发现。众多学人披沙拣金般的努力促成了《沉香》的出版。

二十四集张爱玲传记电视连续剧《她从海上来》(《上海往事》)公映,王蕙玲编剧,刘若英、赵文煊等主演。

2007 年

8 月,李安根据张爱玲小说改编的电影《色·戒》在全球公映,获第 64 届威尼斯国际电影节最高荣誉金狮奖。9 月 24 日在台湾首映,9 月底在美国等地放映,票房成绩不俗。

11 月,邝文美去世。宋淇与邝文美之子宋以朗成为张爱玲的遗产执行人。

2009 年

2 月 23 日,自传色彩的长篇小说《小团圆》由皇冠文化出版。随后在香港和内地上市,总销售量达一百万册。

长篇小说《小团圆》自 1976 年完成后，因故未能发表，作品将个人家族历史和时代风云变迁浓缩于笔端，其创作历时 20 余年，其间数易其稿，最终成稿十八万字。

《小团圆》是张爱玲晚年重要的代表作，它的出版，改写了以往对张爱玲的研究与评论，是无论如何都无法忽视的一部作品。

2010 年

宋以朗主编，张爱玲、宋淇、邝文美所著的《张爱玲私语录》由皇冠文化出版。

为纪念张爱玲九十冥诞，遗稿《异乡记》《雷峰塔》《易经》由皇冠文化出版。

台湾举办四场张爱玲系列讲座，主题分别为"末代贵族的华丽与苍凉——张爱玲传奇的一生""从尘埃里开出花来——张爱玲倾城的爱情""现代曹雪芹的传世创作——张爱玲的文学成就""银灯下的张式美学——比较张爱玲的文字和电影"。

由宋以朗先生赞助，香港浸会大学举办"传奇·性别·系谱：张爱玲诞辰九十周年国际学术研讨会"，海内外近八十位学者参加。

由宋以朗先生赞助,中国内地首次举办张爱玲学术研讨会,在北京大学百年讲堂举行。研讨会以讲座的形式讨论了"张爱玲的文学视野""张爱玲的双语创作""张爱玲与视觉艺术""张爱玲的晚期风格"等四个主题。

2013 年

夏志清教授的《张爱玲给我的信件》,由联合文学出版社出版。王德威教授作序。

2015 年

10 月,为纪念张爱玲逝世二十周年,新经典文化和故宫出版社推出《小团圆手稿复刻》,并在北京大学百年大讲堂举行研讨活动。

参考文献

张爱玲:《张爱玲典藏全集》(14卷),(台北)皇冠文化出版有限公司2001年版。
美国南加州大学图书馆特别馆藏。
香港大学图书馆馆藏。
美国哈佛大学燕京图书馆馆藏。
张子静:《我的姐姐张爱玲》,学林出版社1997年版。
夏志清:《张爱玲给我的信件》,(台北)联合文学出版社2013年版。
宋以朗:《张爱玲私语录》,北京十月文艺出版社2011年版。
苏伟贞:《长镜头下的张爱玲》,上海文艺出版社2012年版。
庄信正:《张爱玲庄信正通信集》,新星出版社2012年版。
郑树森:《张爱玲的世界》,(台北)允晨文化实业有限公司1989年版。
司马新:《张爱玲与赖雅》,(台北)大地出版社1996年版。

余斌:《张爱玲传》,人民文学出版社2016年版。

李欧梵:《上海摩登》,人民文学出版社2010年版。

王德威:《如此繁华》,上海书店出版社2006年版。

陈子善:《私语张爱玲》,浙江文艺出版社1996年版。

陈子善:《张爱玲的风气》,山东画报出版社2004年版。

万燕:《女性的精神》,同济大学出版社2007年版。

宋以朗、付立忠:《张爱玲的文学世界》,新星出版社2013年版。

[美] A. 司各特·伯格:《天才的编辑》,广西师范大学出版社2017年版。

《甲戌本脂砚斋重评石头记》,人民文学出版社2011年版。

盛佩玉:《盛氏家族·邵洵美与我》,人民文学出版社2004年版。

后记 似这般死磕的淳子

钟书

约淳子见面。

其时,她写张爱玲的新书正付梓生活·读书·新知三联书店。

她坐定。

果然如传说中的一样,举起手,要了一杯加奶加糖的美式咖啡。

她自嘲道:"我是把咖啡当甜品的。"

又道:"原先这里有一个很好的舞厅,八十年代,我们常来这里跳舞。还举办过第一届莎士比亚戏剧节记者奖。第一届也是最后一届。还有一个小卖部,有卖美国骆驼牌香烟,买了送男友。"

她似乎并不期待我会有回应。

她轻轻一笑:"张爱玲说过,我回不去了。是的,回不去了。"

说完这句台词(我个人觉得她说话的方式,有时很富有舞台感),她又抱歉道:"不好意思,一说张爱玲,我就失控。"

我忙道:"今天的主题就是张爱玲呢!"

我抛出问题:张爱玲已然是显学了,写她的书满坑满谷。你的书有优势?

淳子嫣然一笑道:"一开始,我并不打算写张爱玲的专著。我只是蜻蜓点水。读书的时候就是这样。比较崇尚享乐主义。可是读了几本书后,就生气了,发现错误太多,并且大多是常识性的错误,有些错误还是出于权威人士或权威机构,是可忍,孰不可忍。于是心一横,就开始了我个人的史无前例的一种写作:不到山穷水尽,绝不罢手,所谓,活要见人,死要见尸。"

我说:比如……

淳子道,比如,张爱玲短篇小说《色·戒》,是依据历史上郑苹如刺杀汉奸丁默邨创作的。

史料中,暗杀地点在静安寺路(南京西路)的一家皮草店。

当时，静安寺路有三家著名的皮草商号，一家为西比利亚皮草店（The Siberian Fur Store）——总店：静安寺路1172—1174号，一家为该店的分店：静安寺路1151号和霞飞路895号，为上海最大的外侨商号之一，公认的上流皮货名店，职工多达百人以上，业主兼经理为著名毛皮专家、俄罗斯人克列巴诺夫。

还有一家为第一西比利亚皮草店（The First Siberian Furriers），在静安寺路1135-1137号。

也就是说，同一个街区，存在三家带有'西比利亚'名称的皮草店。哪一个是刺杀案现场呢？

我先在《申报》上找信息。

《申报》第一次报道的标题为：《暴徒四人　狙击汽车》："静安寺路1104弄，昨晚六时二十分许，该弄内驶出黑牌汽车一辆，斯时路旁预伏暴徒四人，瞥见该号汽车疾驶外出，内有二匪袖出盒枪，开放狙击。"

第二次报道是在1939年12月23日，标题是《枪击汽车案真相至今未明》。记者发现这不是普通的枪击事件，背后可能有更大的秘密，但是真相未卜。这两则报道都提到了上海静安寺路，21日傍晚6点20分左右，有一辆汽车从1104弄里面驶出，被狙击，但没有成功。

《申报》这两则报道说的就是郑苹如刺杀丁默邨事件。但没有刺杀具体方位。

1939年12月24日，圣诞前夜，《申报》又一次报道公共租界巡捕房继续侦查这个案件，标题是《枪击汽车案继续侦查》，文中说，"但未有目击者能做相符报告"。

一次精心策划的暗杀行动，猎人和猎物之间，都只保持极端的沉默。

淳子拿出手机，给我看从《申报》上拍下来的照片。

那么，刺杀到底发生在哪一家皮草店？

众说纷纭，莫衷一是。

当年指挥刺杀行动的是中统上海站站长、中将陈彬。淳子采访到陈彬的女婿、华东师范大学教授施建伟。

施教授指认是西比利亚皮草店。但给出的门牌号码是第一西比利亚皮草店。

施教授解释，当时，陈彬刚从香港调任上海不久，为隐秘，刺客也从广东调遣。外地人哪里知道静安寺路上有三家皮货店。所以在回忆资料里只说是西比利亚皮草店，再细问，便茫然了。

南京凤凰出版社2004年4月出版了南京市档案馆所编《审讯汪伪汉奸笔录》。其中有丁默邨受审所有的案卷。

案卷中，郑苹如弟弟代表他母亲提出了诉讼。诉讼中关键的一段："苹如于二十八年奉中统局密令，饬将丁逆置诸重典，遂与嵇希宗及陈杉等暗中会商，决议由苹如以购办皮大衣为由，诱令丁逆同往静安寺路戈登路口西比利亚皮货店，并于附近伏戎以待。苹如于十二月二十一日午后五时许将丁逆诱到该处，某同志即开枪向之射击，惜乎手术欠精，未能命中，当被遁逸。"

1949年以后，道路、门牌、店名悉数更改，更为确认制造了困难。

我拿着1947年出版的上海市区图，一栋一栋的房子数过去，房子一栋也没有少。于是，我再将旧号码与新号码一一对应。其中，静安寺路1151号已是咖啡馆了。

1947年，张爱玲与胡兰成离婚后，移居至静安寺路1081弄重华公寓8号2楼。第一西比利亚皮草店，在相距不远的1137号，正对着戈登路（江宁路），与审讯笔录所描述的位置相符，这是其一；其二，第一西比利亚皮草店后易主中国人。郑苹如大约不会引诱丁默邨去语言交流有困难的俄国人的商店。

综合分析，我比较倾向第一西比利亚皮草店为刺杀现场。若此，1947年，张爱玲便是居住在当年的刺杀现场了。

淳子语势温婉,字正腔圆,条分缕析,到底曾是电台著名谈话节目主持人。

她又说起如何在美国寻找张爱玲英译《海上花列传》的手稿,如何在哈佛大学寻找张爱玲孤本的过程。

我道:"你觉得你是一个死磕的人吗?"

她道:"我是记者出身,这是职业本能。"

淳子的语言很有画面感,我仿佛看见她,穿着有气垫的跑鞋,穿梭在纽约的地下铁、洛杉矶的公交车站、旧金山的有轨电车上;仿佛跟随她,埋首在图书馆、档案室、各种各色的文件中;我想起女作家石磊对淳子的勾勒:

"伊讲,那是读城的一种方式。话给伊讲到这个地步,便另是一片天地了。想想上海是何其难懂的一座华城,人在其中,有金粉金沙深埋的宁静,外头风雨琳琅,漫山遍野都是今天、昨天以及前天。

"而淳子终于在某一日心愿得逞,从宋以朗手里求得《小团圆》手稿的复印全本,书稿里夹着张爱玲手绘旗袍尺寸和式样的裁剪图,以及闺蜜邝文美穿旗袍的签名照,伊喜不自胜抱着十四公斤的书,心里规划着张爱玲的书稿,不觉步步生莲走下山来。我只乱想,彼时彼刻,淳子的脚上,是否亦踏着一双龙飞凤舞的平金绣花鞋,沿着张爱玲的路线一路寻过去?"

我忽然觉得我已经没有问题了。